赠送 英文日记音频

寄居蟹日记

中文日记 + 英文日记

肖铁 肖易 肖禾 / 著

和北大作家爸爸一起写日记

上海教育出版社
SHANGHAI EDUCATIONAL PUBLISHING HOUSE

图书在版编目（CIP）数据

寄居蟹日记：汉英对照/肖铁著.—上海：上海教育出版社，2021.8
ISBN 978-7-5720-1042-2

Ⅰ.①寄… Ⅱ.①肖… Ⅲ.①作文课-小学-教学参考资料 Ⅳ.①G624.243

中国版本图书馆CIP数据核字(2021)第139152号

策　　划　李光卫
责任编辑　朱红梅　李光卫
封面设计　静　斓
版式设计　周　亚

寄居蟹日记
肖铁　肖易　肖禾　著

出版发行	上海教育出版社有限公司	
官　　网	www.seph.com.cn	
地　　址	上海市永福路123号	
邮　　编	200031	
印　　刷	浙江广育爱多印务有限公司	
开　　本	700×1000　1/16　印张12	
字　　数	179千字	
版　　次	2021年8月第1版	
印　　次	2021年8月第1次印刷	
书　　号	ISBN 978-7-5720-1042-2/G·0819	
定　　价	49.80元	

如发现质量问题，读者可向本社调换　　电话：021-64377165

写在前面的话：我和孩子一起写日记

因为家人工作的缘故，2020年上半年1月到7月间，我们全家在日本关西的神户市生活了半年。

出发前，我跟两个孩子说，"到了那儿，你们俩儿得写日记啊！"

"为什么要写？"

"因为你们将要在一个新的国家、新的环境里学习、生活半年，一切都是新鲜的，机会难得啊！不记下来，多可惜！"

"写多少？"

"日记，当然是每天都写啦。"

"行，你们两个大人写，我们哥俩儿就写！"

所以，从1月19日到7月10日，不管是在神户寄居的家中，还是出行路上的旅店里，几乎每天，全家人都会拨出半个多小时，一起坐下来写日记。写完了就立刻读出来分享，然后互相点评，有说有笑，有叫有闹。从年初日本因为新冠疫情全国进入紧急状态前，一直写到了紧急状态解除后的初夏，半年下来，大人小孩加一块儿竟写了5本多日记。

从美国来神户的时候，大儿子高高（肖易，Easton），刚刚10岁，上四年级，在学校里学了造句，也写过百十来字的短文，不过每次写作文都很挠头，常常是坐下来半天写不出一个字。小儿子得得（肖禾，Jake），8岁，才二年级，只造过句子，几乎还没有写过作文。让两个孩子写日记的初衷很简单，就是希望能帮助他们养成写作的习惯。半年下来，孩子们的写作能力的确都有了明显的提高。不仅如此，我惊喜地发现，一起记日记，还促进了亲子间难得的交流，把全家人都拉得更近了。很多时候，晚上一起分享自己写下的点点滴滴，成了大人小孩都最期待的时刻。

编这本小书，就是想和大家分享我和孩子们一起记日记的快乐和收获。和普通的作文辅导书不一样，这里的文字都不是命题作文，而是从生活中来的日常记录，有去学校上课，有在家上网课，有周末的郊游，有春假、暑假的长

途旅行。在整理的过程中，我在孩子们的日记后面加了点评，记录了和他们交流以及他们写作与修改的过程。这里既有关于如何作文的讨论，也有亲子间的互动。在我看来，全家人一起记日记最大的好处，就是通过记录日常生活中转瞬即逝的点点滴滴，培养孩子热爱生活、观察生活的习惯，让孩子不怕写作，从而爱上写作。

写作从来不是天然发生的事，恐怕没有小孩子会主动要求写作文。写日记也一样，刚开始的时候，两个孩子都不知从何写起，也不知有什么可写的。我跟高高、得得说，就写你们觉得好玩的事，没意思的事不写。好玩的事儿多，就写长一点儿；少，就写短一点儿。

写好玩的事，并用自己觉得好玩的方式写，这不仅是我对孩子们记日记最初的要求，也是自始至终最根本的要求。

这里的日记都不是只写给自己看的。动笔之前，孩子们就知道日记写完了是要和全家分享的；甚至很多时候，正是因为知道要和全家分享，孩子们才更有动力想要写好。每次写完日记，全家人围坐成一圈，读自己写的，评别人写的，还会互相打分，比出个高下来。每当自己写得好的部分受到了别人的认可，孩子们嘻嘻笑；每当发现爸爸妈妈日记里有不实之处，孩子们就大喊"虚假新闻"，不亦乐乎！

评完了，还要改；只有改，才有可能提高。但本来就是课外添加出来的"任务"，孩子哪儿还愿意花时间再改呢？得想办法。我想好了，不批评，只鼓励。孩子写得好的地方，使劲儿夸；写得不好的地方，给出具体的修改方案，而且修改的地方尽量不超过两句话，保证孩子们5分钟之内就能改好。这样，既不难完成，又能有成就感。

回过头看，我给孩子们的建议五花八门，有关于如何写景、写人的，有关于如何写心情、写对话的，有关于如何让文章"先声夺人"的，有关于如何让文字前后呼应的。但归根结底，半年下来，整个和孩子们一起写日记、改日记的过程，就是个和"流水账"较量的过程。日记本来就容易写成流水账，孩子们又常常写流水账，可以说，前前后后我所有的努力就是想帮孩子们别把日记写成流水账。在我看来，只有不把一天当成流水账来过，才有可能写出不是流

水账的一天。这里的关键就是培养孩子们观察生活的习惯和兴趣。只有孩子们对人、对事、对物有了自己的观察,对生活有了自己的感受,才有可能记下有趣的细节,也才有可能写下真实生动的、属于他们自己的文字。

培养观察生活的习惯和兴趣,并提高孩子的写作能力,记录下生活中的一点一滴,这就是每天半个小时的日记时间带来的收获。

作为家长,和孩子们一起分享日记并帮他们修改日记的过程,是我最享受的部分。所以,这本小书里不仅收录了一些我和孩子们这半年在日本一起记下的日记,也把我和哥俩儿关于写作的交流记录了下来,和大家分享。孩子们的日记大部分是用英文写的,但我和他们的妈妈要求他们每周还要用中文写一篇日记,因此,这里选的部分中英文都有。我在整理和翻译的过程中改正了语法错误,顺通了文字,其中孩子们自己修改的部分,也都在文中标明了出来,如果能对大家有参考价值,就再好不过了。

学期结束时,惦念的爷爷从北京寄来一首七律作为纪念,其中两联是"惊梦偏知疫中命,伤时犹遇雨中樱。半年跨海寄居蟹,十岁鸣春出谷莺。"疫情期间,寄居神户,偶尔也离壳外出,大人小孩一起记录或精彩或平常的每一天,把难忘的时光留在文字中。我和孩子们愿意和大家一起分享。

肖　铁

2021 年 7 月

美国印第安纳州 布鲁明顿市

目 录

Part 1　初到神户

1　从布鲁明顿到神户
　　爸爸 1 月 19 日 / 2

2　面试
　　高高 1 月 21 日 / 3
　　　爸爸说：流水账也比一纸空白强 / 5
　　爸爸 1 月 21 日 / 5

3　机器人和铅笔
　　得得 1 月 22 日 / 6
　　　爸爸说：这样写就行！ / 7

4　又去面试
　　爸爸 1 月 23 日 / 8
　　得得 1 月 23 日 / 9
　　　爸爸说：好玩的细节 / 10

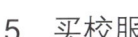

5　买校服
　　爸爸 1 月 24 日 / 12

6　去姬路城
　　高高 1 月 25 日 / 13
　　　爸爸说：细节需要解释 / 15
　　爸爸 1 月 25 日 / 16

7　开学第一天
　　高高 1 月 27 日 / 17

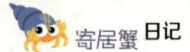

   爸爸说：走路去上学，感觉如何？ / 18
8 大阪之行
   爸爸 2 月 1 日 / 19
9 第一次放学自己走回家
   爸爸 2 月 4 日 / 21
10 写作课考试
   高高 2 月 12 日 / 22
    爸爸说：讲故事是起点 / 23
11 小提琴课
   高高 2 月 16 日 / 24
    爸爸说：先声夺人 / 25
12 婴儿笼子的说服力
   高高 2 月 17 日 / 26
    爸爸说：有了主线就不是流水账啦！ / 27

13 《塔里的男孩》和盾牌
   高高 2 月 21 日 / 28
    爸爸说：情感需要形象和声音 / 30
14 日式麻薯和陀螺
   得得 2 月 26 日 / 30
    爸爸说：不怕写才有可能写好！ / 32
15 他们烤小螃蟹
   高高 3 月 1 日 / 33
    爸爸说：别光写自己，也可以写别人 / 34
16 网课第一天
   高高 3 月 2 日 / 34
    爸爸说：写好玩最难得 / 36
17 这可以算是诗吗?
   高高 3 月 6 日 / 36

Part 2　春游日本

1　从神户经过冈山到仓敷
  高高 3 月 14 日 / 38
  得得 3 月 14 日 / 39
   爸爸说：不写，就补不上了 / 41

2　濑户内海福山市的鞆之浦
  高高 3 月 15 日 / 43
  得得 3 月 15 日 / 44
   爸爸说：前后呼应还是不呼应，这是个问题！ / 46

3　雨中的广岛和严岛
  爸爸 3 月 16 日 / 49
  高高 3 月 16 日 / 51
  得得 3 月 16 日 / 53
   爸爸说：写作的乐趣在这里 / 54

4　岩国看到四个字：路上小心
  爸爸 3 月 17 日 / 56
  高高 3 月 17 日 / 58
  得得 3 月 17 日 / 60
   爸爸说：乌贼的墨汁和狐狸尾巴上的白尖儿 / 61

5　山口县的萩和美祢（mí）市的秋吉台
  爸爸 3 月 18 日 / 63
  高高 3 月 18 日 / 65
   爸爸说：贵在坚持 / 67

6　广岛县大久野岛（兔岛）濑户内海国家公园
  爸爸 3 月 19 日 / 69
  得得 3 月 19 日 / 70
  高高 3 月 19 日 / 72

    爸爸说：今天什么都不用改啦！/ 74

7 春分那天在尾道

   爸爸 3 月 20 日 / 75

   高高 3 月 20 日 / 77

   得得 3 月 20 日 / 77

    爸爸说：没事（写）找事（写）/ 78

8 兵库县淡路岛海边拾贝

   爸爸 3 月 21 日 / 80

   高高 3 月 21 日 / 82

    爸爸说：写景最难 / 84

Part 3 疫情中的网课日常

1 网课重新开始

   得得 3 月 23 日 / 88

    爸爸说：情人节的真谛 / 89

2 安倍宣布全国进入新冠紧急状态

   爸爸 4 月 10 日 / 90

3 樱花没什么了不起

   高高 4 月 11 日 / 91

    爸爸说：看樱花写成了玩滑梯 / 92

4 天天待在家里写什么呀

   高高 4 月 18 日 / 93

    爸爸说：诗人的糖 / 95

5 换种方法记日记

   高高 5 月 8 日 & 5 月 16 日 / 99

   得得 5 月 8 日 / 100

    爸爸说：如果我是寄居蟹 / 100

6 五月的黄金周

　　高高 5 月 9 日 / 101

　　　爸爸说：好的动词比什么都重要 / 103

7 第一次写有趣的诗

　　高高 5 月 13 日 / 104

　　　爸爸说：涂掉一些字，剩下的词句居然就是诗 / 106

8 松本先生

　　高高 5 月 16 日 / 107

　　得得 5 月 16 日 / 110

　　　爸爸说：写人最怕抽象 / 111

Part 4　紧急状态解除啦！

1 赤穗抓章鱼

　　得得 5 月 24 日 / 114

　　　爸爸说：这次，哥哥得向弟弟学习了 / 116

2 奈良的鹿

　　得得 5 月 30 日 / 119

　　　爸爸说：多谢了，哼和哈！ / 123

3 神奇的西宫贝壳博物馆

　　得得 6 月 2 日 / 126

　　高高 6 月 2 日 / 127

　　　爸爸说："神奇"需要证明 / 129

4 恋恋不舍的纪伊半岛

　　高高 6 月 13 日 / 131

　　　爸爸说：我也还想再多停留一会儿 / 135

5 到和歌山看海

　　高高 6 月 20 日 / 137

　　得得 6 月 20 日 / 141

　　　爸爸说：一波三折才有乐趣 / 144

6　高高的毕业典礼

　　爸爸 6 月 26 日 / 147

Part 5　暑假去九州

1　乘太阳花号横穿濑户内海

　　得得 6 月 26 日 / 150

　　　爸爸说：不要用"然后"过渡 / 152

2　别府到臼杵

　　爸爸 6 月 27 日 / 154

3　风云突变的阿苏火山

　　爸爸 6 月 28 日 / 157

4　在日本的夏威夷大海里游泳

　　高高 7 月 2 日 / 158

　　　爸爸说：用动作写心情 / 161

5　萨摩半岛的"富士山"和"小京都"

　　爸爸 7 月 2 日 / 163

6　宫崎市青岛的"鬼之搓衣板"

　　高高 7 月 4 日 / 165

　　　爸爸说：夸张的作用 / 168

7　差点抛锚在回大分的路上

　　高高 7 月 5 日 / 171

　　　爸爸说：写心情需要层次 / 174

8　"神奇非凡"的大分半日

　　得得 7 月 6 日 / 176

　　　爸爸说：最重要的是要记下自己的感受 / 179

Part 1 初到神户

神户美利坚公园里的中日国交正常化二十周年纪念碑

1 从布鲁明顿到神户

爸爸　1月19日　周日　晴

　　从布鲁明顿到旧金山，再到大阪关西，几乎一直睡。快降落时，看见两边都是海，和在旧金山降落时一样，只是到了太平洋的另一边。

　　出机场，一位身材魁梧的日本司机在等我们，一身黑色的西服，坚持自己把所有行李轻拿轻放地搬上旅行车，不让我帮忙。

　　从关西机场到神户还有一个小时的车程，孩子们和李峥（妈妈）都睡着了。大阪湾一直在左手边，天阴沉沉的，海看不出颜色。到达我们订好的公寓楼时，天已经黑了，整栋楼都闪着光，像个巨大的灯笼。

　　晚饭后，孩子们很兴奋地绕着阳台乱跑，不过，一会儿就都睡下了。

　　凌晨两点，我们就醒了。3点之后，高高、得得陆续也醒了。大家喝牛奶吃面包，还有草莓。

　　4点半，所有人坐在新家的餐桌旁一起写日记。

　　日本的生活马上开始了。

清晨从阳台看六甲山和神户市

❷ 面　试

高高（Easton，哥哥，10岁）　1月21日　周二　小雨

Kobe（神户）was so nice today. It almost felt like spring.

Today we went to St. Michael's for an *interview*（面试）. But before we walked to the school, we used the famous Google Map and found out that it would only take us 28 minutes to get there. If we walked there straight away, we would be there 2 hours early! So we changed our plan.

Instead, we bought some food at a convenient store called "Seven Eleven" (because my parents still do not have any cash and that store is the only place near us that accepts credit card). We then google-mapped a Starbucks near the school and went there first. And what a great Starbucks! It is my favorite coffee house now, the best one I have ever been to! It was two stories high and the second floor was perfect because it had a great variety of couches. I tested out all the couches to find the perfect spot.

Oh, I forgot to mention that I bought one salty rice ball at the convenient store. I knew it was a Japanese *specialty*（特色）and I did not expect a plain rice ball to be very tasty. But I was wrong! The salty rice ball was so good that I could cry! So I sat on the beautiful

摇椅太小，有些不好意思

面试后一身轻松

second floor of the Starbucks, eating my delicious Japanese rice ball and reading *Eragon*. I almost forgot the reason why we came out today.

Of course, my parents remembered. Maybe 45 minutes later, we went to St. Michael's International School. I got to meet some of the students I would be working with and some of the teachers. I met the *librarian*（图书馆馆长）, Mr. Aspinal, who asked me to make a story about a colorful bird that lived in the jungle. The interview went well, I think. The school seemed really fun. The kids seemed nice! All of them were very welcoming and I couldn't wait to start school. But I forgot the bird story I made.

神户今天太美了，感觉像春天。

我们要去圣麦克斯学校面试，如果立刻就走过去，会提前两个小时到，便先去了附近的便利店买吃的。然后，我们在手机地图上找到了一家学校附近的星巴克，就又去了那儿。喔，这个星巴克可真够厉害的！它是我去过的最好的咖啡店，也是我现在最喜欢的咖啡店！它有两层楼高，第二层真是完美，因为那里有好多种形色各异的沙发。我试坐了所有的沙发，找到了我最中意的座椅。

哦，对了，我忘了说，刚才在便利店，我买了一个盐味的饭团。我知道饭团是日本的特色小吃，但我真没想到一个简单的米饭团会这么美味，好吃得我都快哭了！于是，我坐在咖啡店美丽的二楼上，吃着可口的饭团，读我的《侠影魔龙》。我几乎忘了今天我们干什么出来了。

当然，我的父母没有忘。大概45分钟以后，我们去了圣麦克斯国际学校。我见到了我未来的同学，还有几位老师。我还见到了学校的图书馆馆长，阿斯皮诺先生。他的考题是让我讲一个关于一只生活在丛林里的五彩鸟的故事。面试进行得不错，我觉得。校园看着也挺好，同学们看起来都挺不错！所有人都很热情，我等不及开学了！不过，我编的那个鸟的故事，已经忘了。

（注：英文红色文字和中文下画曲线文字为爸爸点评后小朋友修改部分。）

爸爸说：

流水账也比一纸空白强

入学前的面试，是来日本后第一件大事。孩子们知道，肯定要写日记的。写之前，我没有规定重点，就让他们写自己觉得有趣的事。结果写完一看，吃饭团原来比面试还重要，这挺好，挺真实。

我只让高高改了两个地方：一是加一句话解释为什么他最喜欢这里的咖啡店；二是让他好好想想面试时阿斯皮诺老师问了什么问题，不用多，记下一条最有意思的问题就行。

刚到神户，刚开始记日记，孩子们都有新鲜感，也愿意写，但大多是流水账。流水账也比什么都不记强，学会有选择地记，得慢慢来。

爸爸　1月21日　周二　小雨

今天最重要的事是去圣麦克斯学校面试。我们8点就出发了，一路上，得得拿着手机带路，严格按照谷歌地图指示前进。

不到9点就到了，时间还早，我们想找个咖啡店坐会儿，没想到一下子走到了神户的观光区"北野异人馆"。六甲山下，西式洋楼，每栋都各有特色，完全想不到是在日本，路上很冷清，只偶尔有中国台湾的游客经过。

咖啡店是一栋有百年历史的二层小楼，我们买了咖啡下二楼，吃路上买的饭团和三明治。孩子们都特别喜欢盐味饭团，两三口就吃完了。9点半，从咖啡店出来去学校，路上经过便利店，又买了两个饭团，立刻坐在店门口的铁椅子上吃完了。

圣麦克斯校园很小，不过白色的教学楼很漂亮。一进门就考试，得

得先开始。我们和高高坐在一间小屋里等,高高看他的《侠影魔龙》,我们看圣麦克斯年鉴。年鉴里面是各种各样的孩子们,有印度人、中国人、英国人、新西兰人、澳大利亚人,还有孩子说长大后要去美国上学。

高高考完后,校长吉尔·泰勒女士把我们和孩子们都叫进了校长室。她问了孩子们几个问题后,让他们在旁边的小桌上看书,然后告诉我们,孩子们考试都考得不错,可以跳一级。她只是担心孩子们心理上是否足够成熟,能否顺利面对这样大的转变——新的环境,新的学校,新的人和事。我说,因为是我们自己的孩子,所以我们的判断肯定无法客观,不过我们对他们有最大的信任,相信他们没有问题。我没有特意压低我的声音,所以孩子们应该也听到了。

出来的时候,得得告诉我,这里的老师都是英国口音,他没想到。

❸ 机器人和铅笔

得得(Jake,弟弟,8岁)1月22日　周三　晴,有小雨

Today I woke up at 4 am. I usually wake up at 4 am these days. It is pretty fun because you get to do everything you want to do, except for using iPad. I woke up the earliest and played with the toy Dad got me from China. My toy robot is named Smasher. My brother's toy robot's name is…Bob. Well, I named them. It was really fun.

At the end of the day, we bought *mechanical pencils*(自动铅笔). Mine has a metal shield for my eraser, which is small and cute. It has a thing that if you press the pencil too hard it will automatically protect your lead. I really love my pencil.

But … I think my brother's is better than mine.

At dinner, my brother and I ate BBQ beef my dad made. It was really yummy! Mom and Dad ate sweet shrimp, salmon *sashimi*(刺身), and sushi. They look really bad.

今天，我早上4点就醒了。这几天，我都是早上4点就起床。早起挺好的，因为你可以想干什么就干什么，除了玩平板电脑。我玩爸爸给我们从中国买回来的玩具机器人，我的叫粉碎侠，哥哥的叫……鲍勃。哈哈，我给他们起的名字。真好玩！

傍晚，我们买了自动铅笔。我的自动铅笔带着很小很可爱的橡皮头，橡皮外面还有金属的壳。如果你写字的时候，用力太大了，这个铅笔可以自动保护你的铅不会断。我太喜欢我的铅笔了。

但我觉得哥哥的铅笔比我的好。

晚饭，爸爸给我和哥哥做了烤牛肉，好吃极了！爸爸妈妈吃了甜虾、三文鱼生鱼片和寿司。他们的吃的看起来可真难吃。

这样写就行！

这一天什么事情都没发生，真的没什么好写的，但大家还是都写了日记。因为时差还没有倒过来，早早都醒了，实在是有很多空闲的时间。写完后，大家坐在餐桌旁一起读日记，互相评论。大家一致认为我写的最没意思，净是些没有用的信息，比如购物的清单。我说，"得得，爸爸觉得今天你写得最好，因为特别真实，还很好玩。比如你早上一个人醒来，玩机器人，你给你的机器人起了个那么威猛的名字，而哥哥的却只是叫再普通不过的名字。粉碎侠对鲍勃，肯定是你的机器人更厉害，对吗？你写新买的自动铅笔也很好玩，先写了你的铅笔如何厉害，转过头来却说还是哥哥的更好。这种转折似乎有点儿让人摸不着头脑，有点儿太突然了，不过转念一想，又觉得效果也不错。仿佛你一直在欣赏着自己的铅笔，突然一扭头，看到了哥哥的，你还是很喜欢自己的铅笔，可是又觉得哥哥的更厉害一点儿了。晚餐也有个转折，你们好吃的牛肉对比爸爸妈妈看起来很难吃的生鱼片。所以你写了一连串的对比，好几个转折，而这一切都是顺着自己的感觉写的。这样写就行！"

4 又去面试

爸爸　1月23日　周四　雨转晴

  8点出发去马里斯特兄弟国际学校（MBIS）面试，找到日本铁路公司（JR）的三宫站，去明石的方向。正是早高峰，全是人，都是上班族，第一趟车竟没挤上去。

  过元町后，兵库是大站，过了新长田、鹰取，就到须磨站了。站外不远处的"村上帝社"吸引了孩子们的注意，虽然名头很大，但其实袖珍极了，两只石刻的小猫守护着村上帝的神位。这种路边像蘑菇一样突然冒出来的神社，孩子们还是第一次见，很新奇。

  国际学校在山上，大极了。跟在圣麦克斯面试一样，孩子们一进门就被人牵走，去考试了。一位澳大利亚人带我们参观校园。图书馆很大，操场更大，什么都比圣麦克斯的大。

  校长是美国人，来自密歇根州，来神户前曾在成都做过两年国际学校的校长。她很喜欢中国，告诉我们，中国人太热情了，"人们甚至会特意带我们坐汽车，哪怕去他们自己不去的方向。"然后，她小心翼翼地问我们觉得美国人对外国人是否友好。

  "很好啊。我们住在中西部，人们都很善良。"

  "太好了。人们总希望自己国家的人会在外人面前表现得好一些吧。"

  关于孩子她反倒没说什么，仿佛我们已经可以立刻入学了似的。

  校园旁是关守稻荷神社，守护神兽既像狐狸又像猫，嘴里叼着果子，眼角向上吊起来，很怪诞的表情。孩子们绕着红色的鸟居门跑了两圈，嚷着要去海滩。他们下火车时就看到了，一直惦记着去呢。

  雨停了，但天还很阴。不过，毕竟是我们第一次近距离接触日本的海——濑户内海，得得兴奋地在沙滩上跑，跳着脚地躲着忽上忽下的潮水，高高蹲在沙滩上捡贝壳，然后突然站起来，看着大海，好像发现了什么。

得得　1月23日　周四　雨转晴

Today, I woke up at 4 am again! We had an interview at Marist Brothers International School(MBIS). We had to take a train there.

It felt like only a few seconds before we arrived. We had to push a little button to make the door open. By the way, we passed an *aquarium*（水族馆）! But we could not go there today.

I got a little bit hungry. So we went to a bakery first and bought a rabbit-shaped bread. It has chocolate pudding inside!

After a few minutes of walking, we found a little *shrine*（神社）. I liked it because everything was *miniature-sized*（微型的）. The tiny bell was the cutest.

After that, we kept on looking for MBIS. "Wait ," said Dad, " we are going the wrong way! We need to go back!" So we went back but then forward again. Again and again. Until finally my dad asked a person passing by. He said we were standing right in front of it!

But all I could see was that we were standing right in front of some wires. Or did we? It was a little door!

Ok, the entrance was small but the school behind it was enormous. At MBIS, we took a test that was super easy for me and I finished it in less than 20 minutes. But they did not notice that till 20 minutes later. I had to wait for another 20 minutes because my brother had not finished yet. We didn't even get to take a tour around the campus!

I am not sure I like MBIS so far.

　　今天，我又是早上4点就起床了。我们要去马里斯特兄弟国际学校面试，得坐火车去。

很快,感觉几秒钟就到了!我们得按一个按钮,车厢门才打开。哦,对了,我们路过了一个水族馆,但今天去不了。

我有点儿饿,找到一家面包店,买了一个兔子形状的面包,里面竟然还有巧克力馅!

没走几分钟,就看到了一个小神社。我特别喜欢,因为那里所有的东西都很袖珍,小钟最可爱了!

那之后,我们找学校找了老半天。"等一下,"爸爸突然说,"咱们走过头了!回去!"我们便往回走,接着,又往前走。这样来来回回走了好几遍,直到最后爸爸问了一个行人学校在哪。那个人说,我们就站在学校前面呢!

只是,我们正站在一堆铁丝网前面。哦,不对!铁丝网后面真的有个小门!

门是小了点儿,但门后面的学校可真是太大了!我和哥哥都去考试。考试太简单了,不到20分钟我就做完了。可是我等了20分钟,老师都没注意到我。然后,我又多等了20分钟,因为高高还没做完。最后我们连校园都没机会参观。

我对马里斯特兄弟国际学校的感觉是:不好说。

好玩的细节

神户主要有三所国际学校,马里斯特兄弟国际学校是孩子们面试的第二所学校。还有一所叫加拿大中等学校,在六甲人工岛上,规模最大,但交通不方便,学费也最贵,所以没有考虑。马里斯特兄弟国际学校在须磨海滩旁,背山面水。想着以后放学还可以顺便去海滩玩儿,孩子们很期待。

和哥哥前天写的一样,本来去学校面试应该是最重要的事,得得的日记里却一两句话就写完了。不过我对他们的要求也从不是写一天里最重要的事,而是写一天里他们觉得有意思的事,所以不算跑题。

弟弟还小,来日本前才刚开始上二年级,在学校里写过句子,但还没学过分段,更没有整体构思的概念,所以记流水账在情理之中。能记流水账就不错,但如果在记账的时候,也能记下一些细节,就更好了,而且细节越多越好——这是我对他们哥俩儿最大的要求。

我对得得说:"日本的火车车门需要按按钮才打开;面包是小兔子形状的,白色的兔子,里面却是巧克力的馅儿;坐车时路过了水族馆,肯定比学校好玩多了,却没时间去;还有路边偶遇的袖珍神社。这些都是很好的细节,因为都不是我们过去日常生活里常见的。这些细节背后是神户这个新城市带给你的新鲜感,也是带给我们所有人的新鲜感。你没明说,甚至可能你都没意识到;但爸爸看的时候,能感觉到。把这些你觉得有意思的细节记录下来,就很有意思。"

几个月很快就过去了。暑假结束后,得得长大了半岁,写作能力也有所提高。一天,我问他,"关于那天的面试,你还记得什么?你还记不记得考了什么题?哪怕就一道题也行。你还记不记得校园的操场旁有个巨大的石头青蛙?还记得老师跟你们说了什么吗?""那我可都记不住了。我就只记得那天你带错了路,找了半天还找不着,还有就是考题特别容易。""那你就把这些加上,好吗?"

5 买校服

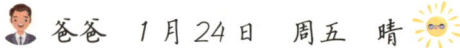

中午去"丸龟制面"吃面，很远就看见门口排了长队，孩子们喜欢热闹，很兴奋。进了屋，发现是每个人端着托盘，像食堂一样排队领面，孩子们觉得新鲜，更兴奋了。我要了有牡蛎和鸡蛋的海鲜面，得得要了牛肉面，高高只要清汤面——第一次来，丸龟还没有得到高高的信任。店里人多极了，都挤在格外窄小的桌椅间，每个人都穿着暗色的西服。

圣麦克斯学校有二手校服可以卖给我们。饭后，我们去学校试，只有毛衣、得得的运动裤、高高的西裤合身。只得马不停蹄地去大丸松坂屋百货店，因为只有那里卖他们学校的校服。

夏天的校服，走路上学

校服专卖在地下二层的角落里，不同学校的校服挂了一墙。售货员阿姨特别认真热情。得得试裤子的时候，一位阿姨想看裤子长出来多少，好待会儿改裤腿。以为得得已经穿好了，阿姨便推开了试衣间的门，没想到得得裤子才提上了一半，阿姨连声说着对不起又把门关上，双手拿着尺子扶在腿上和我一起等。结果等了很久，得得才推开门。一看，得得已经把旧裤子又给穿上了，告诉我们说新裤子太长，把阿姨和我都给逗笑了。得得也明白过来，还得改裤腿呢，摇着脑袋又把试衣间的门合上了，重新换裤子。

另一位阿姨看到高高的鞋带开了，半跪在地上，帮他系了双扣。高高很有些不知所措地用刚学的日语说了好几遍谢谢，毕竟这样的情况不管是在中国还是在美国还从没有发生过。

在大丸百货给孩子们买了一条西裤、两件长袖衬衣、两套运动衣，加上改裤腿的钱，总共 2 万 5000 日元。在楼上看到了传说中的全手工皮质学生背包，5 万一个，没舍得买。

6 去姬路城

My dad said that in World War II American bombers dropped 2 atomic bombs and many other bombs in Japan, so lots of buildings and most of the castles were destroyed except for *the Himeji Castle*（姬路城）. My dad also said that even though the castle might look very fragile, it was actually very well defended. Today we were going there! I couldn't wait!

When we got there, we could not wear our shoes into the castle. The people working there gave us sandals. The sandals were made from wood and rope. The bottom of the sandal was a thick piece of wood and the rope wrapped around our toes. There were kid sandals but they didn't fit my feet. My feet were big but not big enough so I had to wear the adult ones that didn't fit me either. The sandals made funny echoes on the wooden floor in the castle as I dragged myself around in sandals too big for my feet.

The main *keep*（主楼）had a huge wooden door. Right by it was a small door, where the guards could trap and kill the intruders. The keep had six floors. It was ginormous. Our tour started from the basement and then we climbed up. It was very cold inside, but I was too excited to notice that. I found gun racks and even a hiding place for *ninjas*（忍者）! There were holes on the ground, so soldiers could hurl down rocks to whoever deserved them. I was most impressed by the built-in escape pathways that secretly led to another building. It was truly well designed for defense!

We climbed up to the top and when we got down to the ground, we were all hungry. My brother was so hungry that on our way down, he couldn't stop *whining*（抱怨）for food. After we exited the main keep, we went to the West Baily and Jake started to whine even louder. The good thing was that no visitor was there. We got Hyakken Roka, the long connecting corridor, all to ourselves! Jake's whining got even louder as the horrible sound echoed through the stretching hallways.

Today was so fun except for Jake's whining.

爸爸说二战时美国在日本投了两颗原子弹和好多别的炸弹，所以日本的好多建筑和城堡都给炸毁了，不过姬路城没有。爸爸还说这个姬路城虽然可能看上去很精致很脆弱，却是特别易守难攻。今天我们就去那儿！我已经等不及了！

进城堡得脱鞋，工作人员给了我们木屐。这种拖鞋是在很厚的木板上绑上粗线绳，脚豆儿插到线绳里。可惜，儿童木屐对我来说太小，大人的我的脚又不够大，没合适的，只能趿拉着走。不过，走在城堡里的木地板上，能发出很好玩的回音。

姬路城的天守阁有扇巨大的木门，边上还有扇小门。士兵可以躲在那儿，趁入侵者不备消灭他们。天守阁有六层高，真是个庞然大物。我们从地上一层开始参观，然后一层层向上爬。屋里很冷，但我特别兴奋，根本不觉得冷。我发现了放枪的架子，还找到了忍者的藏身之处。地上还有可以打开的洞，士兵可以往下砸石头，就看谁该着倒霉了。不过，最让我印象深刻的是天守阁里还有秘密的通道，这里实在守不住了，就可以悄悄地逃到另外一栋大楼里去。这真是精心设计的防御之城！

我们爬到了顶，等回到地面时，大伙儿都饿了。得得尤其饿，下楼时就闹着要吃的。离开天守阁，去看公主住的西之丸时，

姬路城天守阁　　姬路城门票

得得闹的声音更大了！幸运的是这边根本没什么游客，整个西之丸的百间长廊都归我们啦！只是，得得可怕的哭闹声在长长的回廊里反复回荡，显得声音更大了。

今天很好玩，唯一美中不足的就是得得老闹着喊饿。

细节需要解释

高高本来开头先写了今天天很冷，我们吃了早饭才出门。我问他，"今天最重要的事是什么？""去看姬路城！""那天气冷和吃早饭跟去姬路城关系大不大？如果大，就写，但得解释一下为什么；如果不大，就不写。比如说，可能就是因为早饭吃得仓促，所以才玩了一会儿得得就开始喊饿。如果是这样的话，你需要在后面写到弟弟抱怨的时候照应一下。"高高想了想，把开头这两句删掉了。

修改中，有两处地方我让高高添加了一些信息。一是为什么他觉得姬路城的天守阁易守难攻。在参观的过程中，他和弟弟都发现了很多有趣的机关、暗道，不写，可惜了。二是穿日本拖鞋什么感觉。

没有这些细节，就真成流水账了。

结尾让我有些意外，虽然弟弟听完哥哥念这篇日记后，强烈抗议，但我还是夸哥哥这样写有意思。当然不是说批评弟弟就有意思，而是因为他在结尾的总结有意识地跟前一段话做了照应，这说明哥哥对短文的构思已经开始有想法了。虽然很简单，却是个好的尝试，弟弟你得学着点儿。

爸爸 1月25日 周六 晴

　　这天是大年初一，告诉孩子们姬路城是日本第一个被联合国教科文组织（UNESCO）列为世界文化遗产的地方后，他们都很兴奋。从神户坐快车（S Rapid），五站就到了。出了车站向北，朝着白色的"白鹭城"，一路向着一团白光走。孩子们不住地问，"咱们真能到城堡里面去吗？不是只在外面看看吧？"

　　游客很多，大多行色匆匆。我们慢慢转，从天守阁到西之丸，还去了姬路城后面由旧陆军兵器库改成的市立美术馆和丹下健三设计的兵库县历史博物馆。一路下来，的确走得累了，别说得得，我们也都喊饿。中午到姬路城边的步行街找吃的，所有的饭馆都客满，有的地方看我们带着小孩，直接告诉我们只接待成人。只有吴服町的一家叫"姬路面哲"的面馆服务员热情，英语还特流利，虽然也得等座，不过就是它吧。吃姬路著名的猪肉面，1000日元一碗，很咸。

日本国宝姬路城

7 开学第一天

My first day in school was great!

We walked to school. We got to explore the city on the way. We never walked to school in the U.S. Walking to SMIS, I felt the school was very close. On the way we met the school nurse and her grandson. I also met the Japanese teacher when I walked into the cafeteria.

We sat at a table while my mom filled out some sheets. Then they left.

My teacher welcomed me and took me to the class. She introduced me to the boys and girls of Year Six. The lockers here were a little bit smaller than my locker in Binford (my old school).

We did some research on *monarchy*（君主制）and some other forms of government. Then we had a break. The break was great. Then we went to the library. Lunch was *spaghetti*（意大利面）. In the afternoon we had music class. The music teacher asked me, "Do you play violin?" I said, "Yes! I play Suzuki." Then she said that she knew a Suzuki teacher in Kobe. She would send a message to my mom about the Suzuki teacher.

I think I will like this school!

今天是到新学校的第一天，好极了！

我们走路去学校，可以顺便逛逛这座城市。在美国，我们从没有走路上学过。走着去圣麦克斯学校，感觉还挺近的。路上，我们碰到了学校的护士奶奶和她的孙子，进餐厅时，还碰到了我的日语老师。

我的老师欢迎我入学，然后把我介绍给班上的男生女生。这里的储物柜比我在美国学校里的小一点儿。

第一课是关于君主制和其他形式的政府。课间休息很好玩，之后

去了图书馆。午餐是意大利面。下午有音乐课。音乐老师问我,"你拉小提琴吗?"我说,"对啊,我学铃木小提琴。"她说她认识一位在神户教铃木小提琴的老师,她会把联系方式给我妈妈。

我觉得我会喜欢这所学校的!

走路去上学,感觉如何?

早上6点刚过,两个孩子就起床了,兴奋地穿好了校服,等不及去学校了。孩子们的热情让我们都少了一些担心。

下午接孩子放学,两个孩子从校门里满脸欢笑地走出来。得得着急回家做作业,高高一路给我们讲学校里的事——数学有点难,日语课一句没听懂,不过午餐特别好吃,课间休息还踢了足球,等等。

我听着,放下心来。

日记还是流水账。但我跟高高说,我喜欢两点:一是他记下了上学路上碰到的老师,虽然他没有明说,但说不定路上的偶遇让他对新环境的第一天不会感到那么陌生呢;二是他记下了一些对话,这是他第一次在日记里记下对话。如何写对话,挑什么对话写,这需要慢慢练习,但至少这是个开始。

在美国,孩子每天坐校车上学,而在神户他们可以走路去,新的体验感觉怎么样?我就让高高在这儿加了一句话。

作为家长,看到孩子在日记里写下对新学校新学期的期待总是特别高兴的。

8 大阪之行

爸爸　2月1日　周六　晴

疫情越发扩散,昨天日本已经有9例了,不过几乎都在东京都。本来好友车正周末打算来日本找我们玩,约好在大阪见,现在疫情升级为"国际关注的突发公共卫生事件",来不了了。

我们还是按计划去了大阪,在大阪站兵分两路。李峥带着孩子们去大阪海游馆和儿童乐园,我去市立美术馆,那里藏的中国佛像我已经期待很久了。

一路上,从城铁的窗户看出去,街道整洁,但看不见行人,也缺少颜色,很灰暗的感觉。在天王寺站下车,穿过动物园,就到了。一座完全西式的建筑,1936年开馆,门票300日元。刚一进门就被告知,除了一楼大厅,不能照相。我问,"是不能用闪光灯吗?"门卫愣了一下,然后说,"不是,是不能照相。"热情一下子凉了很多。

大阪海游馆

先上二楼看庭山耕园（1869—1942）诞辰150周年的纪念展，展品主要是大正、昭和时期的作品，非常日本，非常美，尤其是写生和动物画。他画的动物都是死的，翻着白眼，嘴里吐出白沫，或者肚皮翻上来。最美的是1929年的《鲷》，很大一条鲷鱼，几乎占据了整个画面，侧躺着，眼睛闭着，只能看到眼皮。猩红色的鳞，安静，却有一种很血腥的感觉，很隐忍，但又很有力。

一层有两个特展：大阪本地画家锅井克之逝世50周年的回顾展和古代中国明器展。锅井克之和庭山耕园，一个学西方油画，一个画日本画，形成了鲜明的对比。感觉锅井意思不大，就有一幅印象深刻，画的是海边4个硕大的贝壳，色调暗深。贝壳不知是死是活，像有种隐藏的力量，又似乎是搁浅在岸上，很无力的感觉。明器展很一般，只有后汉的陶制力士像和鸮尊有趣，可惜不能照相！

本想来这里看的佛像，一个也没看到，只能买了龙门石窟菩萨头像的明信片和鸟海青儿画的《北京天坛》明信片，聊以纪念。

美术馆外，穿过鲜红色的和气桥，上茶白山。这里是当年德川部和丰臣部"大阪夏季战役"的古战场，山顶上立有战国名将、号称"日本第一兵"的真田幸村的名言牌。几乎没有游客，只看见年轻的学生穿着规矩的校服，在追在跑。女孩穿着深蓝色的西式短裙，想抓住迈开大步跑上小山的男孩。手机里传来孩子们在海游馆看鲸鲨的照片。

傍晚，我们在市中心的市立科学馆汇合。高高把火车乘车卡弄丢了，挨了批评，不过还是一副无所谓的样子问我，"玩得怎么样？"

大阪海游馆外的鲸鲨

鸟海青儿画的明信片

"有点失望,不让照相!"

"哈哈,我早就告诉你应该跟我们一起玩吧!"

9 第一次放学自己走回家

爸爸 2月4日 周二 晴

今天孩子要放学自己走回家,这是第一次。他们已经期待很久了,告诉我说日本小孩都这样。

下午3点一刻,我到托尔路路口等他们,一直等到3点35分才看见得得和他的好朋友Linkstone 嘻嘻哈哈地过马路,却没有看到高高!

我躲在高架铁路桥下的石柱后面,继续等。过了5分钟,才看见高高一个人,歪戴着帽子,匆匆忙忙地跑过来,穿过人流,拐进了刚才得得走进的一条小街。

孩子们在快到三宫火车站的时候才汇合到一起。

我趁他们在路口等红绿灯的时候,抄了个近道,赶到家门口的炸猪排店,找了条长椅坐下等他们。

我特意把脸藏在衣领里,还是被笑着走过来的高高一眼就给认出来了。

"爸爸,你的伪装太差了!"

"我的伪装差?!你们刚才是不是和Linkstone一起走回来的?然后在三宫前面分的手?分手时你们俩还跟人家做鬼脸!而且,高高,你出来晚了,是跑着才追上的弟弟,对不对?"

我把刚才跟在他们身后偷拍他们过马路的手机照片给他们看,笑他们根本逃不过我的火眼金睛。

他们很吃惊。得得觉得被骗了,追着要打我。

10 写作课考试

 高高 2月12日 周三 晴

Today I had to face my worst enemy: the ISA Test!!! I did writing. I wrote about a kid who was poor and homeless.

One day, the boy passed through a rich town and saw fat, *stubby*(矮胖的) kids eating all different kinds of candies.

One afternoon, he met a poor old peasant woman. When he looked at her, she asked, "Can you give me some spare change?" He wished he had some spare change, but he did not. He still gave her some money.

As soon as the money reached her hands, it *disappeared*(消失). The old lady suddenly grew wings and turned into an angel and rewarded the boy for his kindness.

今天,我不得不面对我最大的敌人:ISA考试(即国际学校评估测试)!!!考写作。我写了一个小男孩的故事,他很穷,又无家可归。

有一天,他经过一个很富有的小镇,看到身材短粗的胖小孩在吃各种不同样式的糖果。

又有一天下午,他碰到一位又老又穷的农妇。他看她时,农妇就问他,"你有多余的零钱可以给我吗?"小男孩真希望自己有零钱可以给她,但他没有多余的钱。不过他还是给了农妇一点儿钱。

当钱碰到农妇的手的时候,钱消失了。农妇突然长出了翅膀,变成了天使,为男孩的善良而奖励了他。

讲故事是起点

学校里考作文,很有意思,考的是讲故事。

孩子上小学后,我逐渐意识到中国和美国的初级语文教学,虽然有很多共通之处——比如都得学遣词造句、阅读理解,但有一个很大的不同,就是叙事,特别是虚构性叙事写作在语文教学中的地位,似乎在两国大不相同。我记得我上小学的时候,上课学的主要是写人、状物、议论之类的短文,作文也以这几类为主。在美国,看两个孩子上语文课,可把我吓了一跳,不仅没固定课本不说,而且几乎只读小说,有的还很长,上来就百十来页,一本小说看好几个星期。主题有的轻松幽默,但也有很多非常沉重,涉及战争、死亡。我不知道在其他国家如何,反正,在神户孩子们上学的学校里,也是一样——故事,特别是虚构的小说,一直是上课阅读的重点。这其中的原因和影响自然要由教育学者或社会学家才能解释清楚,但在一个喜欢写作、又希望帮助孩子提高写作能力的家长看来,让小学生读故事,并从中学习写作的技巧,的确是有很多好处。其中最大的好处就是,与写景状物或者议论相比,叙事似乎要来得自然的多。至少在我和高高、得得的交流中,我发现讲故事,不管是讲发生在自己身上的事,还是讲关于别人的故事,对孩子们来说,要比写任何其他类型的短文都更容易上手。另外,同样重要的是,好的故事,要写得好玩,写得吸引人,需要懂得如何设计好开头、结尾,如何起承转合,而且还要有好的对话、活的形象,这些都是写作的根本。不管是照猫画虎,还是潜移默化,读小说,读好的小说,对孩子们都是一件快乐而有益的事。当孩子们发现原来自己的文字也可以像他们喜欢的故事一样,写得好玩且吸引人的时候,他们才会真正体会到写作的乐趣。

写日记就是讲故事，讲自己的故事。我想和命题作文比起来，写日记，对于培养好的写作习惯，虽有局限，但也有特别的好处。最大的好处就是能让孩子们知道写作是从自己生活中来的，没有对生活的好奇和认真的观察，什么都写不出来。

我对孩子们写日记只有一个要求，就是要写得好玩，记下自己觉得好玩的事，并用自己觉得有趣的方式写。课里课外读了很多小说，高高、得得对什么是"好玩"、什么是"吸引人"有自己的理解，也有自己的榜样。把日记写好玩，这不是个容易完成的要求，却是孩子们愿意接受的要求。

11 小提琴课

高高　2月16日　周日　雨

"It's raining cats and dogs!" I exclaimed, as we walked down the wide street.

Cars zoomed past us as fast as light, when we entered the *ginormous*（极大的）building where I would be playing the violin for the next two and a half hours.

Anxiously I started playing *Vivaldi Concerto in A Minor* as fast as I could. That's exactly what I like: I love playing fast.

The group played even faster than I could!

I think I'm going to like this violin practice.

"今天真是大雨倾盆啊!"我一边穿过宽阔的马路,一边大叫。

当我们走进路边的建筑时,汽车从我们身边嗖嗖地飞驰而过,像电光一样快。接下来的两个半小时,我就将在这座庞然大物里拉小提琴了。

我拉起《维瓦尔第A小调小提琴协奏曲》,很紧张,拉得能多快就多快。不过,我就喜欢这样,越快越好。

可是,和我一起学琴的同学们比我拉得还快!

我觉得我一定会喜欢上这里的小提琴课的。

先声夺人

下午放了学,孩子们去神户市立中央区图书馆楼上的市民活动厅,上小提琴的集体练习课,晚上回家后写了日记。高高读完这篇日记,我给他鼓了掌。这是他第一次用带着惊叹号的口语来开始一篇日记。这我可没教过他。一问才知道,这几天在学校里,老师正教他们如何设计一篇文章的开头,让第一句话成为吊读者胃口的"鱼钩"(英文叫"hook",高高告诉我)。虽然谈天气未必是最好的"鱼钩",但能这样尝试总是值得鼓励的。另外,我夸他这篇写得浓缩,而且主题鲜明。这次可不是流水账了。总共才几句话,但每句话都沿着同一条线索发展,核心就是"速度"。从倾盆大雨到飞驰的汽车,从自己因紧张而快速抖动的琴弦,到合奏的同学们比自己拉得还快,这一切都导向一个让费心费力帮孩子学习的家长很欣慰的结论:拉琴不是强人所难——至少不总是!

同样是那天,得得用中文写了日记:

今天我7点就起床了,先玩了会儿电脑,又摆好了桌子。然后爸爸就醒了。我和爸爸说话的时候,高高醒了,他也开始玩电脑。我没和他一起玩,我先帮爸爸做煎面包,然后才去和高高一起玩。

下午,我们试验了一个练琴的地儿,练了两个小时。练完了琴,我们就逛街,买了草莓味的巧克力。

今天特别好玩儿。

虽然是流水账,但流水账也比一片空白强。都得从流水账开始吧,而且,是用中文写的,这也是一种锻炼。

⑫ 婴儿笼子的说服力

高高 2月17日 周一 晴

"Persuade! Make it seem like the baby cage is the best thing in the world!" Miss Offer told us for the last time.

Writing about a baby cage and trying to persuade an adult to buy one was hard. Making up benefits and using the benefits we made (they had to be logical) to write the *persuasive*(有说服力的)piece was how we were supposed to write it.

"Fresh air," I thought in my head, as we were about to start writing.

At the end of the day, my brother and I walked home together. Hours passed, and I started begging my dad to let us use the iPad. Suddenly, I realized that I could use my new and improved persuasive skill to help on my side. So I said many fantastic reasons to persuade my dad, which he could not refute.

Victory for me; miserable life for daddy!

"说服别人!要让别人觉得'婴儿笼子'是世界上最好的东西!"奥佛小姐又一次提醒我们。

给"婴儿笼子"写篇文章,还得把它推销给一个成年人,这可不是什么容易的事。我们得编出使用婴儿笼子的好处(这些好处得合乎逻辑,不能瞎编乱造),然后用这些好处使我们的文章具有说服力。

"笼子透气。"我脑子里琢磨着,准备动笔了。

放学后,我和弟弟一起走回家。时间飞逝,我开始央求爸爸让我和弟弟玩会儿平板电脑。突然,我灵机一动——我可以用新学来的"说服力"帮我自己啊!于是我给爸爸罗列出好多应该玩电脑的理由,都是他无法拒绝的很棒的理由。

我胜利了!爸爸可惨了!

有了主线就不是流水账啦!

可能是因为昨天的鼓励,当然更主要的是因为奥佛老师教得好,今天高高写日记格外有动力,一边写一边忍不住自己笑。写完后给大家读的时候,大家也都笑了。谁能用自己的日记把别人逗笑,谁就是第一名,所以今天高高又胜利了!

今天没有任何特殊的事情发生,上学、下学、吃饭、玩,真没什么可写的。高高却无中生有,写了这样一篇好玩的日记,值得再次鼓励!

和昨天一样,开篇又是一句引语,一下子把"说服别人"这个主题点明。整篇短文,一以贯之,从在学校老师教孩子们写说服性议论文,到回到家把新学的说服力用到爸爸身上,都围绕着这个主题展开。

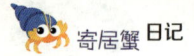

我夸高高，也是想让得得学着点儿："这次哥哥不仅幽默，而且他省略了好多东西，比如在学校他到底给'婴儿笼子'写了什么广告，放学路上有什么事，回家后干了什么，这些他都没写。不用把所有的事都按着顺序记下来，挑着写，甚至打乱顺序写，更有意思。对不对，得得？"

⑬《塔里的男孩》和盾牌

高高 2月21日 周五 晴

Believe it or not, this is my fourth week in SMIS. It is also my turn to write the class blog. If you ask me about this week, well, I will tell you two best parts about this dazzling week.

This week, we started reading a book called *Boy in the Tower*. This book is about a boy who finds out about the Bluchers (it's a horrible plant and soon it will take over the city). We learned that the author was a teacher and wrote the book every day before going to class. Although we have not finished this book, I really like this book already. It is very interesting and makes me want to keep on reading, because the author writes mystery after mystery, clue after clue. Whenever we finish a chapter, our whole class make *predictions*（预测）. I predicted that the Bluchers was made by a mad scientist. Everybody thinks this book is a great book, because every single time we have to stop reading, the whole class raise their arms and start crying "Nooooooo!"

Also, this week, we designed Roman *shields*（盾牌）. This activity was based on what we had been learning in math: lines of symmetry and axis. The design on Roman shields had to be symmetrical. The best part was that we got to paint what we designed on a long red paper.

These two best things will continue next week. I cannot wait to find out next week whose prediction about the novel is correct. And I cannot wait to harden my shield next week!

  信不信由你，我来圣麦克斯学校已经4周了。这周轮到我写班级周志。如果你问我这周过得怎么样，我会告诉你这周因两件事而耀眼夺目。

  这周我们开始读一本叫《塔里的男孩》的小说。这是个关于一个男孩发现有种可怕的植物正在吞噬整个城市的故事。作者是位老师，这本书就是她每天上课前写的。虽然我们还没有读完，但我已经喜欢上这本书了。它特别有趣，让我老想接着读；因为作者写了一个又一个的谜，又提供了一条又一条的线索。每次读完一章，每个同学都会预测下一章会发生什么。我猜测这种植物是位疯狂科学家发明的。大家都觉得这是本伟大的书。每当我们不得不停下来的时候，全班同学都伸开手臂大喊，"不要啊！"

  另外，这周我们开始设计罗马盾牌。罗马盾牌上的装饰必须是对称的，所以这项活动得用到我们数学课上学的东西：对称线和轴线。我们都在长方形的红纸上设计图案，最棒的是我们可以给自己设计的盾牌涂颜色。

  这两件事，下周还会接着做。下周我们就知道关于小说谁预测得最准了，下周我们也会把纸盾牌加固加厚。我真等不及了。

爸爸说：

情感需要形象和声音

奥佛老师对高高写作能力的提高帮助很大，主要是她很会留作业，留的作业孩子们都爱做。比如，每周老师都会让班上的两个学生写周志，把一周的学习总结记录下来。两个孩子各写各的，视角不同，也容易比较，还能相互学习。和日记不同，周记需要孩子懂得取舍，既要有对一周活动的概括，又要不失细节，二者的平衡最难做到。高高第一次做这样的作业，写得很拘谨，不像平时记日记时那样放松。

我跟高高说，"爸爸最喜欢你写到全班一起读《塔里的男孩》时，每当不得不停下来的时候，大家都一起大喊'不要啊'。为什么？因为其他部分，你都在交代大家干了什么，都是总结，像在做报告。但这里你停在了一个特殊的时刻，老师把书合上了，同学们伸手抗议，张圆了嘴大叫。这样，你们对这本书的喜爱一下子变得具体了，情绪也有了形象和声音。要是你写设计罗马盾牌的部分也能有这样的细节就好了。"

14 日式麻薯和陀螺

得得 2月26日 周三 晴

Today we went to another school called Nijo School. First we had to go on a long bus ride. Before that, I took medicine that could reduce the chances of getting carsick.

When we got there, we had to put on slippers. That was a problem for me, because I forgot to bring slippers. So they let me use a pair of grown-up slippers. After that, we had lunch. I had Japanese bread.

Then we made Mochi! They put rice in a stone bowl. And then, they let us pound it with a wooden hammer. After a long time of hard work, they let us eat it. We got some to eat and some to bring home. There was a table with all different flavors of sauces. At the end, I chose 2 types of sauces. One was soybean powder and the other was sticky sauce. Honestly, I like the powder better than the sticky one, because the sticky sauce tasted like seafood. And I hate seafood.

After that, we ran around the building. I was supposed to follow a group but they were too slow. I made twists and turns. I kept on running until I saw my class in a classroom! My first *instinct*（直觉）was to keep on running. But when I saw what they were doing in the classroom, I had to stop. They were making a traditional Japanese toy! First, you had to get lots and lots of colored paper. Then you had to cut them into strips. Finally you wrap them on a stick and glue them together. It was so fun playing the Japanese top. We even had tournaments. Whoever spun the top the longest won. I got the 5th place!

After that, we had to say goodbye. I never wanted to leave.

Today was a great day!

　　今天，我们去Nijo学校。我们得坐很长时间的车才能到，不过上车前，我吃了防止晕车的药。

　　到了那里，大家都得换上拖鞋。这下可麻烦了！我忘带拖鞋了。好在他们借给了我一双大人的拖鞋穿。之后，我们就吃午饭，我吃的是日本面包。

　　然后，我们学习做日本麻薯！他们把米放在一个石头盆里，让我们用一根木榔头使劲砸。砸了很久以后，我们就可以吃麻薯啦！不仅能

吃,还能带回家几块呢。桌子上有各种蘸料可以选。我选了两种,一种是粉末的,一种是糊状的。说真的,我觉得粉末的比糊状的好,因为,糊状的那种蘸料吃起来有海鲜味,而我最讨厌海鲜了。

之后,我们绕着大楼跑步。我其实应该跟着队伍跑,但他们跑得太慢了。我左躲右闪,不时改变方向。我一直跑,直到看见班上的同学都坐到一间教室里去了。我第一反应是接着跑,但当我看见他们在教室里干什么以后,我就不得不停下来了。他们在做一种日本传统的玩具呢!首先,你需要好多好多彩色纸,然后,你得把纸都剪成小纸条,最后,你把纸条缠在一根木棍上,再把它们都粘在一起,日本陀螺就做好啦。特别好玩。我们还有比赛呢,谁的陀螺转的时间最长,谁就赢。我得了第五名。

然后,我们就得说再见了。我真不想走。

今天太好玩了!

不怕写才有可能写好!

今天得得美滋滋地拎着一盒麻薯和自己做的陀螺回家了,晚上的日记也记得格外认真。他想把这好玩的一天都记下来,所以写得格外长。对得得来说,这当然应该鼓励。

今天的日记,从早晨出发前吃晕车药,到放学回家,中间记录了好几件互不相关的事儿,比如忘了带拖鞋,比如午餐吃面包,比如在操场上瞎跑。重点自然是做麻薯和陀螺,可孩子还不懂得需要突出重点,也不懂得如何突出重点。毕竟比哥哥小了两岁,得得在日本的日记一直不能像哥哥那样,有比较清晰的结构,懂得取舍。这一点,不是教一教就能教会的。

另外,由于没有一个整体的构思,只是按着时间顺序写,各部

分之间的起承转合也只能是时间性的,然后、之后、最后之类的词用得就多。

这些都是孩子们写日记时常见的问题,也是最难解决的问题;但同时,在我看来,这些问题也不是一上来就需要最先解决的问题。

我夸得得:"今天写得最长,很厉害!好多事,如果你不写,爸爸就不知道了。比如,你试了两种麻薯蘸料;比如,比赛转陀螺,你得了第五名。把这些都记下来,多好,否则就会忘了。爸爸最喜欢的是,你说你本来还想多跑会儿,但一看到别的同学都进教室学怎么做陀螺,你就不跑了,因为陀螺可比瞎跑好玩多了。把这些好玩的事儿记下来,就很好!"

不怕写,才有可能多写,多写才有可能提高!

15 他们烤小螃蟹

高高　3月1日　周日　晴

"螃蟹!"我们找到了一个抓小螃蟹的好地方。

可是有几个大小孩比我们来得早,已经抓到好多只螃蟹了。

我看见他们从塑料袋里把螃蟹一只一只地倒在石头上,用火烤小螃蟹呢!

他们发现我正在看他们,就开始瞪我。

我就不看他们了。

我自己也抓了很多小螃蟹,但我不烤它们。

我觉得被烤了的小螃蟹很可怜。

爸爸说：

别光写自己，也可以写别人

李峥要求孩子每周用中文写一篇日记，对他们来说，这可是个大难题。毕竟他们会写的中文词汇量太小，有想说的，却写不出来，很恼人。他们只能想办法用自己会写的字组成句连成段，结果常常是翻来覆去重复一些刚刚学会的词语。这篇也一样。刚刚学会怎么写螃蟹两个字，今天去了须磨海滩，自然是写抓小螃蟹了。

我夸高高这篇写得不错，不仅有真情实感，还记下了大孩子和他之间的互动：高高看他们烤螃蟹，他们瞪他，他不敢看他们了，不过心里很不忿。要是词汇量再大些，就能写得更丰富一些，不过就这样，倒也干净。

另外，开头他又用了他在学校新学的技巧——以带着惊叹号的口语作为他开篇的"钓钩"，他自己很得意。

16 网课第一天

高高 3月2日 周一 晴

Today was our first day of home schooling. My dad took care of us and did great. We finished all our homework.

Home schooling is fun, but it takes longer to do things. I hate that some of the instructions are not clear, such as where to show your work, but there is

also something I like. I love that I can sit comfortably and take as much time as I want, which I won't do because there is a lot of work!

My favorite part of the day was playing. Just to be specific, playing soccer with Lucas, our new friend. My team was called Brothers, mostly because I teamed up with my brother for most of the time. Lucas and my dad were playing against us. We played and played. Sadly nobody kept score.

When we were leaving, my brother tried to whine for more playtime, but he did not have the skill that I had perfected at school: the skill of persuasion. So he did not get more playtime.

  今天是网课第一天,爸爸看着我们学习。他干得不错,我们把作业都做完了。

  在家上网课挺有意思,但是很花时间。我讨厌有时候指令不明,比如在哪交作业之类的。网课也有我喜欢的地方,比如现在我能舒舒服服地坐着,做作业的时候想花多长时间就花多长时间。不过,我其实不能那样做,因为作业实在太多了。

  我最喜欢的还是玩。具体说,就是和卢卡斯踢足球,他是我们的新朋友。我的球队的名字叫"兄弟队",因为我大部分时间和得得一伙。爸爸和卢卡斯一伙,我们踢了又踢,玩了很久。可惜,没人记着比分是多少。

  回家的时候,弟弟央求再多玩儿一会儿;但是他没有我在学校里练就的那个"说服别人"的本领,他的愿望没能实现。

写好玩最难得

因为东京和大阪新冠病毒感染人数的增加,神户在2月的最后一个周末把所有博物馆都关了。从3月开始,小学停课了,孩子们改上网课,不知要延续到什么时候。

我让孩子们把第一天上网课记下来,可对孩子们来说,真的没什么好写的,总不能把做了什么作业都记下来吧,孩子们都写得三心二意。好在下午还和邻居小孩一起去附近的公园踢了球,总算添加了些可写的东西。高高最后开起了弟弟的玩笑,还顺便和2月17日那篇日记里提到的"说服力"联系了起来。很好玩,他自己写得也开心。

大汗淋漓地踢了半天球,却没人记得住比分,随意的一笔似乎抓住了紧张中的一丝轻松。

现在回想起来,疫情期间,孩子们无意间记下的生活中的点滴,特别是那些不经意间的轻松,是最难得的吧。

⑰ 这可以算是诗吗?

 高高 3月6日 周五 小雨

这是我写的,爸爸说可以算是诗:

爸爸很胖

妈妈很瘦

可是妈妈觉得她很胖

可是爸爸觉得他很瘦

Part 2
春游日本

萩城遗址外的日本海菊浜海滩

1 从神户经过冈山到仓敷

Well, *the Crow Castle*（乌城）is very special. It looks as dark as crows, which is the key to this dazzling castle. As you may have noticed, most castles in Japan are white. They sparkle in the sun. But this castle is special as it is one of the few black ones in Japan.

According to my dad, it was a fun place to visit. I wasn't convinced by him, and I was even less convinced when I got in. For a castle, I was hoping to learn the way of the *samurai*（武士）by experiencing how they lived and fought in an ancient castle. Sadly, when I walked through the Crow Castle, all I experienced was that a modern kid walked in a modern *reconstructed*（修复）museum down by the river in Okayama.

When we finished our tour, I felt a little better to have heard so many wonderful things about the garden on the other side of the river. It turned out that what I saw in the garden even exceeded my expectations. My dad said that this garden was ranked among the top three in Japan. This time, I believed him.

That garden saved the day!

冈山后乐园和乌城的门票

是啊，冈山的"乌城"很特别。炫目的天守阁看起来和乌鸦一样黑，这可是关键！你可能已经注意到了，日本大部分的城堡都是白色的。它们在阳光下闪着光。但冈山城不一样，它是日本少有的几个黑色城堡。

爸爸说，乌城挺好玩的。我非常怀疑，等我走进去后，就更不信了。对于城堡来说，我本来希望能通过体验古人在城堡里如何生活、打仗，来了解日本的武士之道。但很可惜，走在乌城里，我体验到的只是一个现代的小孩走在冈山市河边一个现代重建的博物馆里。

转完了乌城，我听说就在河对岸还有个日本庭园，人们对它赞不绝口，我这才心情好了一些。事实上，等我们真的去了那个花园，我看到的比我预想的还棒！爸爸说这可是在日本排进前三名的庭园。这次，我相信他了。

多亏有那个庭园，否则，我们春游的第一天就给毁了。

黑色的冈山乌城

 得得　3月14日　周六　阴雨

后乐园

Even though our main goal was to go to Okayama Castle, my favorite part of the day was when we were eating. The restaurant where we had lunch was really awesome because it was our first time sitting on a traditional Japanese mat. I had always wanted to sit on one, but my dad couldn't cross his legs, so the Japanese mat was his enemy. The only reason my father agreed to sit on the traditional Japanese mat was because of the view. From where we sat, we could see the black Crow Castle on the other side of the river and lots of trees beneath the castle. In my opinion, those trees made the castle look even more splendid.

I had ramen and my father had eel.

After lunch, we walked to the Okayama garden through a secret pathway. Flowers were falling everywhere. The garden was great because there were a lot of fun things to do. For example, we took off our shoes and went into a wooden shed built on water. I think the wooden shed was very cool because it was like an island. I ran around barefoot, chasing my brother on an island!

旭川边的乌城

虽然今天我们的主要目标是看冈山城，但我最喜欢的其实是我们的午餐。那个餐馆太棒了，在那里我们第一次坐在传统的榻榻米上吃饭。我一直就想知道坐在榻榻米上的感觉，但爸爸不会盘腿坐，所以榻榻米是他的死敌。爸爸同意坐在日本传统榻榻米上吃饭的唯一原因，就是这里的风景。窗外，你能看见河对岸的黑色"乌城"和城堡下面的树丛。我觉得，那些树丛簇拥着城堡，让它看起来更宏伟了。

我吃了拉面，爸爸点了蒲烧鳗鱼饭。

饭后，我们沿着一条小路走到冈山的后乐园。一路走，一路落花。这个庭园特别好，因为里面有很多好玩的东西。比如说，有一个建在水上面的木亭，我们可以脱了鞋爬进去。这个木亭很酷，就像一个水上的小岛，在小岛上，我光着脚追哥哥跑。

后乐园的流店

不写，就补不上了

春游第一天，从神户出发，去了冈山和仓敷，晚上住在福山市火车站旁的酒店里。玩了一整天，都累了，还得写日记，孩子们很不情愿。我说，那咱们就少写点，就挑你们觉得最重要的写。

结果，对孩子们来说最重要的就是：我出发前大力宣传的冈山城一点儿都不好玩。也难怪，毕竟刚去过姬路城。一个被联合国教科文组织列入世界遗产，一个是1966年重建的钢筋水泥建筑；一个是换上木屐咯吱咯吱地在厚重的木楼梯上层层向上爬，一个是坐电梯直达顶层；一个到处是机关暗道，一个四面玻璃橱窗展览着各种孩子们看不太懂的图片和文物复制品：孩子们实在提不起兴趣。

"那你们就好好解释解释你们为什么不喜欢乌城。谁能把理由说得最有意思，谁就最厉害。"

"还有，别光写不好的地方啊，也得写一个今天你们最喜欢的地方。"

日本的第一次长途旅行，写了快一个月的日常生活，孩子们其实对游记还都摸不着头脑，不知道从哪儿开始写，又到哪儿结束。蜷缩在狭小的酒店房间里，又累又困，孩子们写得都不好。

我对高高说，"开头不错，直入主题；结尾不错，有个转折。这样这篇日记就算有了个说得过去的结构：从失望到高兴。但关于乌城为什么不好玩，不能只用'没劲'两个字就解释完了。你能不能想出来一句有意思的话来解释你为什么不喜欢冈山城的天守阁？"

我对得得说，"第一段最好，因为你写了一个很重要的细节——我们全家第一次坐在榻榻米上吃日本饭。不过坐在榻榻米上吃饭为什么有意思，你没写。你能不能加一句话，就写你坐在榻榻米上吃日本拉面时的感觉？别忘了，我们可不是随便坐在什么地方吃饭啊,饭馆有个好听的名字,叫'碧水园',窗外就是旭川河,河里有人划天鹅船,河岸上是黑色的乌鸦堡!"

然后,我对两个以为还得继续修改而唉声叹气的孩子说,"不过,今天先睡觉啦,以后再改吧!"

后来什么时候改的,我已经忘了。但改了,就好了一点。

那天,我们所有人都被冈山的后乐园震撼了!不愧是日本三大名园之一!连向来停不下脚步的高高,都在庭园中央的唯心山上,俯视精美而蜿蜒的石子小径、小家碧玉般别致的茶屋、不动声色的樱花林、梅林和茶田,和远处黑亮的乌金城一起站着,一动不动地看了半天。

同江南园林不同,这里屋子少,更没有长廊,几乎连座位都很少。这是个需要走的庭院,而且一走起来就真停不下来,孩子们走得手舞足蹈。就像得得记下来的,一栋名为"流店"的木亭是孩子们的最爱。光亮的木板地面,中间却是空的,下面是水,流动着;一头是瀑布,水响亮地流进,一头是节节缓坡,水无声地流出。孩子们脱了鞋,光着脚在木亭里绕着水走,走得脚心凉凉的。

离开后乐园时,孩子们问我它在日本三大名园(另外两个是水户市的偕乐园和金泽市的兼六园)里排名第几,我说好像是第三,反正不是第一。"那第一名得好玩成什么样啊?!"高高立刻说。

可惜这些,他们都没写。没写也就错过了,即使想补上,也捕捉不到当时那种感觉了。

"后乐园仍在,乌城不可寻,愿将丹顶鹤,作对立梅林。"这是郭沫若的诗。孩子们吃着冈山特产白桃口味的圆筒冰激凌,听我给他们讲,曾在冈山第六高中读书的郭沫若,上世纪50年代访日时,送给后乐园一对丹顶鹤。他的诗碑就立在慈眼堂后面的鹤舍外。鹤舍里很多鹤悠闲地舒展翅羽,不知哪只是那两只丹顶鹤的后代。

2 濑户内海福山市的鞆之浦

高高　3月15日　周日　阴雨

Have you ever heard of *Ponyo* by Miyazaki? Well, if you haven't, I can tell you it is about a fish that wants to be with human. But this is not important. The important thing is that there is a place where Miyazaki once stayed for two months. And when he was living there, he was so inspired by the town and the little island right offshore that he made the movie *Ponyo*.

Today we went to that town and that island!

Drunk God Island, which was the name of the little island, was not far away from where we took the ferry. When I was on the boat, I saw lots of jellyfish bobbling on top of the water like tiny floating *barrels*（酒桶）. I could tell other people saw them too because they were all pointing their cameras down at the sea. The boat made a loud sound when it reached the island. "Beach!" I yelled and immediately ran my breath off to the beach. I found many living animals such as a black and white shore crab. We stayed at the beach for a long time. We dug sand, we threw sand into the air, and we tasted sand (I don't recommend tasting sand). Finally Dad told us to go and so the adventure continued.

There was a long skinny pathway on the very edge of the island. We could see many little islands huddling up under the glowing sun. This was when Dad saw his chance to take pictures! That was probably the main reason that he took us here!

Sadly I didn't catch any fish that looked like Ponyo.

　　你听说过宫崎骏的《悬崖上的金鱼公主》吗？如果你没有，我告诉你这个故事讲的是有一条金鱼，她老是想和人类生活在一起。但故事情节并不重要，重要的是宫崎骏曾经在一个小镇住了两个月，就是那个

远眺仙醉岛

小镇和小镇旁边的小岛还有那两个月的生活给了宫崎骏灵感，创作了《悬崖上的金鱼公主》。

今天我们就去那个小镇和那个小岛！

小岛叫仙醉岛，离我们乘船的码头很近。坐船的时候，我看见水里竟然有好多海蜇，在水面上一鼓一鼓，像漂浮着的一群袖珍小酒桶。我知道很多别的游客也看到了，因为他们纷纷把照相机镜头向下对准了海水。船靠岸时，发出很大的响声。我也大叫一声，"海滩！"然后拼命跑向海边。我找到了好多生物，比如一只黑白相间的沙蟹。我们在沙滩上待了很久。我们挖沙子，把沙子扔上天，还尝了尝沙子的味道（尝沙子我就不推荐了）。最后爸爸叫我们走，我们的探险还得继续。

顺着小岛崖壁的边沿，是一条很长很瘦的步道。我们看见海岛在光辉灿烂的太阳下拥抱在一起。就在这时，爸爸发现了照相的好时机！其实可能他带我们来仙醉岛的主要原因就是给我们照相吧！

很遗憾，我没有找到像金鱼公主那样美丽的鱼。

仿"伊吕波丸"号的黑色轮渡

得得　3月15日　周日　阴雨

Today we went to an island! Even though the island was close to the shore, we still had to take a ferry. When we were on the ferry, we rode past another island that I really wanted to go because I saw a red temple and a small beach on that island.

Soon we arrived at the island that we were supposed to go. Straightaway, we went to the beach. It got so boring that we tried to find something to do. So my dad went to explore the tidal pools nearby and soon, he called us over in excitement. "Look! Look!" he shouted. But I couldn't see anything.

Later we *wandered*（闲逛）to another beach! There, my brother found a crab. My mom thought it was a beauty because it was a white crab with black dots on it.

Then Dad shouted, "We need to go!" I really wanted to stay longer but I cannot argue with a parent.

We walked along the seashore. At another beach, I found a gigantic stick I really loved. It was resting on a pile of little sticks, waiting for me. Just for me! But my brother stole it from me and never gave it back!

When we were about to leave the island, Mom bought me a sea salt flavored ice cream. It was salty but also sweet. It was one of my favorites.

Today was a great day.

漂到岸边的水母

今天我们去了一个小岛！虽然小岛离岸边很近，可我们还得坐摆渡船才能过去。摆渡车先经过了另外一个小岛，我其实特别想去这个小岛，因为我看见这个岛上有个红色的神社和一片袖珍的沙滩。

一会儿摆渡船就开到了我们要去的那个小岛。我们立刻去了沙滩，但没什么劲，因为没什么可玩的。爸爸便去看旁边的潮汐池，然后他兴奋地要我们过去，"看啊！看啊！"他大喊着。但我什么也没看见。

我们溜达到了另外一个沙滩上。哥哥在那儿找到了一只螃蟹，是一只白螃蟹，上面有黑色的花纹。妈妈觉得它是

仙醉岛上

个美人。

爸爸大叫:"咱们得走了!"我还想在沙滩上多玩会儿,但我总不能不听家人的话吧。

我们继续沿着小岛的岸边走,又走到一个沙滩。我找到一根巨大的漂流木,特别喜欢。<u>它躺在一堆小树枝上,等着我——只等我!</u>但哥哥把它从我手里偷走了,他到最后也没有还给我!

离岛前,趁我们等船时,妈妈给我买了一根海盐味的圆筒冰激凌,咸咸的,又甜甜的,成了我的最爱之一。

今天太好玩了。

前后呼应还是不呼应,这是个问题!

春游第二天,去福山市南15公里的渔港小镇鞆之浦和仙醉岛。第一次坐小船上海岛,又加上和宫崎骏的联系,孩子们很期待。一天下来,孩子们的期待没有落空,一致同意比昨天好玩。

在仙醉岛上,一条精致的步道绕岛一周。一路上,星星点点的沙滩被五色的礁石隔开,不远处就是弁天岛、皇后岛和下加美岛,蘑菇一样从一片蔚蓝里冒出来,如影相随。正赶上涨潮,海涛拍岸,但除了海潮的呼吸声,一切又似乎是静止的,黑色的海岛背着光如同屈膝而坐的老者遗忘在时间里,远处的海水平滑得没有一点褶皱。在这个有着美妙名字的小岛上,走在水石之间,我们第一次领略了濑户内海宁静而内敛的美。

在一个叫"江户风吕"的小铺买了盐味冰激凌,是濑户内海的

味道。模仿一百多年前坂本龙马海援队蒸汽船"伊吕波丸"号的黑色轮渡，正缓缓入港，我们都不舍得走。

鞆之浦是千年渔港，更是连接以奈良、京都为中心的本州畿内与九州，还有中国大陆、朝鲜半岛的重要港口。轮渡口岸旁边就是对潮楼，是当年韩国信使访日的必经之处，已列入联合国教科文组织世界记忆遗产。上二楼，四根粗壮的木柱把对面海天之间的弁天岛和仙醉岛切割成一张完美的明信片，屋梁上巨大的条幅写着"日东第一形胜"。后面的佛堂里竟是满满一屋子平安、镰仓时期的雕塑，真不可小觑！

关于濑户内海在日本历史中之重要，关于这个小渔港在日韩交流史中之重要，我都囫囵吞枣地和孩子们讲了；但显然，从日记里就可以看出来，这些，还有鞆之浦因明治维新后淡出历史舞台而保存完好的曲街短巷，都不是孩子们关心的。得得关心的是哥哥抢走了自己找到的漂流木，还有第一次尝海盐味的冰激凌；高高想的是嘲笑爸爸到处找机会给他们照相和海里成群的水母。这些当然不是鞆之浦的精华，也不是我带他们来这儿的原因，但这些是孩子们的真实想法，记下来又有什么不可以的呢？

我对高高说，"开头不错，你点明了小岛和小镇给了宫崎骏创作《悬崖上的金鱼公主》的灵感，一下子让这个地方显得与众不同了。不过你是先说'今天我们去了哪儿哪儿'，然后再解释这个地方和宫崎骏的关系，这样虽然按部就班，但实在有些没意思。你**试试先讲宫崎骏，然后另起一段说今天我们就去那个当年宫崎骏都舍不得离开的地方，看看感觉会不会不一样**。另外，开头是宫崎骏和他的动画片，结尾能不能呼应一下？否则你很早就把人家请出来，却又不理人家了，好像不太礼貌，对吗？"

"还有，你写水母时，提到一船的人都纷纷拿起相机，向下冲着水里拍照,这是个不错的细节;因为它来自你的观察,也很形象。但能不能加一句话形容一下水母本身?毕竟成群的水母可不是随便哪里都能看到的!"

我对得得说,"今天你写得比哥哥还长,真厉害!你记下来好多爸爸妈妈都没记下来的东西,比如那根大木棍,爸爸就忘了写了。不过今天的还是流水账,下次你能不能挑着最重要的写?不用什么都写。今天就加一句话。你写到了大木棍、哥哥抓到的小螃蟹,还有盐味冰激凌,你挑一个东西,加一句话。比如你是怎么找到那根木棍的,小螃蟹到底有什么特别之处,盐味冰激凌跟别的冰激凌有什么不同——就一句话!加一个细节,流水账就变成有细节的流水账啦,那可比光秃秃的流水账强了好多!"

保命酒

从仙醉岛回到鞆之浦,天就开始下雨。雨中,我们在町屋老街里乱转,又上山看庙,地藏院、阿弥陀寺、南禅坊、明圆寺,还有山顶的医王寺。孩子们坐在佛堂的木阶上脱下鞋,轻脚走进一间间空空如也的大殿,逢钟必撞。准备离开渔港开往广岛前,路过"冈本龟太郎本店",店里卖据说有300多年历史的当地特产"保命酒",由十几种药材配成,巨大的匾额上写着"神秘家传""仙品灵酒"。见我们犹豫要不要买一瓶带走,高高站在半人高的酒缸前说:"保命的,你还不买?!"

3 雨中的广岛和严岛

爸爸 3月16日 周一 晴

昨晚从鞆之浦赶到广岛，一路堵车，到广岛文化交流馆入住时，天已经全黑了。下雨，原爆和平广场就在马路对面，这边却几乎没有饭馆。只有一家寿司店开着，明明里面还有空位，见我们有小孩，告诉我们得等一个小时。还好旁边就是便利店，我们买了泡面、饭团，坐在窗户边的窄条桌子旁几口就吃完了。孩子们说是最好吃的晚餐！

日式自助早餐

雨越下越大，在空荡荡的原爆广场绕了一圈，回到酒店时，所有人都湿透了。

今天早餐在文化交流馆里吃自助。日式早餐，十分丰富，餐盘分割成六七个小格子，孩子们在每个格子里小心地放入一点点食物，本身就是一种快乐。服务员微笑着，不厌其烦地把所有人碰过的公用餐具擦拭了一遍又一遍，虽然广岛现在只有一例疫情患者。

广岛原爆圆顶馆

趁着天早，又去了和平广场。孩子们对战争很感兴趣，问各种关于原爆（即二战期间日本广岛、长崎原子弹爆炸事件）的问题。天格外好，在和平之灯和原爆圆顶馆前合了影，还去撞了和平之钟。昨晚冒雨参观的时候，钟被围起来，不让进，说明牌上写着早上9点开放，得得一直惦记着呢。知道是关于战争的残酷，孩子们一路没有说笑，很严肃的样子。

原爆圆顶馆后面，相生桥东，有广岛出生的儿童文学作家铃木三重吉（1882—1936）的文学碑。一边是作家的半身像，身上飞出小鸟（1918年他曾办过一本著名的儿童文学刊物，就叫《赤鸟》），另一边是

严岛神社大鸟居

两个翩翩少年坐在石牌上,下面是铃木的一句话,大意是"我永远会做我的梦,就像年少时那样,所以我只有浅浅的烦恼"。在饱受战争创伤后重生的广岛市中心,是这样一句话,铭刻在石头上,立在巨兽尸骸一般的原爆穹顶旁,告诉所有路过的人这座城市的性格。

10点左右,赶到宫岛珊瑚酒店宾馆,办了入住手续后,立刻坐摆渡船上岛。岛上游客很多,亚洲人面孔的游客几乎都戴了口罩,其他的人几乎都没有戴。

著名的严岛神社大鸟居正在修,被灰布包着,连点儿影子都看不出来。严岛神社也没有像照片里那样神奇地浮在海水之上。退潮,红色的回廊下,没有水,只有泥。正要抓着孩子们照相,他们早跑了。神鹿也和想象的很不一样,矮矮的,身上没有花纹,尖嘴猴腮的,面目并不可爱,孩子们见了都不太敢靠近。天又下起了雨,乌云满天,海水灰蒙蒙的,看不出颜色。

赶紧躲进西松原边的一家餐馆,吃了日式咖喱和鳗鱼饭。出来时竟是满地的阳光,白鹭飞在海边的松林中,清盛神社外的小溪里是成群的河豚。上山,过多宝塔,穿大圣院,沿着白系川,上弥山。500多米高的山,爬出一身凉汗。快到山顶时,高高发现了一块名为"鲸石"的巨石,横卧在山崖上。我们都躺到它背上,躺了很久,直到身体都晒热了,才起身。在鲸石上,第二次感受到了濑户内海的美。脚下,似岛、江四岛、大黑神岛、阿多田岛,顶着松树,在海面上升起,像巨大的盆景——这是我从没见过的景象。

弥山山顶远眺

Once again we went to a beautiful island named *Itsukushima*（严岛）today, but unlike the Drunk God Island we visited yesterday, this one was a UNESCO World Heritage Site!

I have seen many photos and pictures of the giant red Torii Gate floating in the sea, which this island is famous for. Before the trip started, my dad told me about that gate and said, "If we are lucky, we may get to walk straight up to the gate during the low tides!" So we reached the boarding area where we would get on a boat to Itsukushima and see for ourselves why this specific island was a UNESCO World Heritage Site.

On the boat, my dad added that there were tons of wild deer on this island and they were considered cute and *sacred*（神圣的）.

But I beg to differ.

Even though Japan is a very safe place, these deer are the *bandits*（强盗）of Japan! Just like the monkeys in Mountain Huang, the wild deer use the strategy of attracting tourists to take a selfie with them and that is when the bandits make their move: while the tourist is distracted by waving his phone trying desperately to get the deer to look into the camera, the deer lean for their prey (food in the bags). The bandits eat whatever they can get. When the tourist notices, it's already too late.

We walked around the beautiful Itsukushima, noticing more and more people falling for bandits' trick, but I did not really care about that, because we were about to see the world famous Torii Gate...Or we were not. That's exactly what happened when we got to the site. The gate was getting repaired. My dad did not even bother to take a picture because it was completely covered up in wrapping paper.

Even though watching people suffer from the bandits was exceedingly fun, my personal favorite of the day was Mount Misen. We climbed higher and higher until we reached the top. Sitting on a giant smooth rock, I could see the Torii Gate in the water wrapped up like an untouched present. Once we were at the top, Dad needed to go potty. So, he went. But he came back one minute later, looking scared. I asked him, "Why are you so fast?" He said, "There are two deer blocking the door to the bathroom, so I could not go!"

I hope now you know how dangerous these Itsukushima deer are!

今天我们又去了一个美丽的小岛，叫作严岛。不过和仙醉岛不同，这个岛可是联合国教科文组织世界文化遗产！

严岛最有名的是那个浮在海上的红色大鸟居门，来之前，我就看过好多照片和图片了。爸爸还告诉我，"如果我们幸运的话，赶上退潮，说不定我们还能一直走到鸟居底下呢！"于是，我们就在码头上准备坐船去严岛，我们倒要自己看看这个岛凭什么是世界文化遗产。

在船上，爸爸又说，严岛上有好多野鹿，大家都认为它们是又可爱又神圣的动物。

呃，关于这一点，我有不同意见。

虽然日本是个十分安全的地方，但这些野鹿却是日本的强盗！和黄山的猴子一样，它们会引诱人们和它们拍照，就在人们挥舞着相机拼命想吸引它们看镜头的时候，把嘴伸向猎物，也就是游客包里的食物。它们逮着什么吃什么。人们发现的时候，已经为时已晚！

我们漫步在美丽的严岛上，看到越来越多的人被这些强盗的诡计所骗。不过我并不在意，因为我们马上就要看到那个举世闻名的海上鸟居了。但是……哎，我们没看成。等走到严岛神社旁，我们才看到鸟居正在维修，整个大门被塑料布裹住了，爸

宫岛的鹿

爸连照片都懒得照了。

虽然看人类受野鹿强盗骚扰之苦格外的好玩，但今天我个人最喜欢的还是爬弥山。我们一点点往上爬，一直爬到了山顶。<u>坐在一块光滑的巨石上，我能看见水中的大鸟居被包得严严实实的，像个没人碰的礼物。</u>一到山顶，爸爸就要上厕所。可他走了没一分钟就回来了，看上去胆战心惊的样子。我问他，"你怎么这么快？"他说，"厕所门口有两只鹿堵着，我进不去啊！"

现在，你能明白严岛之鹿是多么危险了吧！

堵住爸爸去厕所的路

得得 3月16日 周一 晴

Today we went to a gigantic island called Itsukushima. The whole island is a UNESCO World Heritage Site!

There were lots of deer when we arrived. Most of them stole "food" from your bag. Luckily we did not get spotted.

We were hoping that we could see the famous floating Torri Gate, but we couldn't because it was being reconstructed. But at least we did see the famous shrine that was built in 593. Sadly, it cost a lot of money. It was pretty boring for me and my brother, but to our parents, it was like going to heaven.

After "going to heaven," we went to climb a mountain. I liked the mountain because there were lots of sections with different rock formation. The climb was really tiring. If there weren't a ropeway, I wouldn't have moved an inch. When we went down, we realized how high we had climbed. It was much higher than we thought!

 寄居蟹日记

今天我们去一个叫严岛的大岛，整个岛都是联合国教科文组织世界文化遗产！

我们到达严岛后，看到很多鹿从游客的包里偷吃的东西。幸运的是我们没有被它们发现。

我们本来想去看那个著名的水上大鸟居，但没看成，因为鸟居正在维修。好在我们看了建于593年的著名的严岛神社。让人难过的是，神社门票很贵。对我和哥哥来说，神社很无聊；不过在家长看来，这可是美得像登了天。

"登天"以后，我们去爬弥山。弥山很好玩，因为可以看到很多不同形态的岩石。但爬山太累了！多亏可以坐缆车下山，否则我可真是一步都走不动了。坐在缆车上向下看，我们才意识到我们爬了有多高，真的比我们想象的高多了！

 爸爸说：

写作的乐趣在这里

摆渡船就开到傍晚。我们在狮子岩上坐最后一趟缆车下弥山，赶上了最后一班船。岛上的游客几乎都走光了，船很空。旅店就在码头旁，日式的房间，推拉门，榻榻米，终于不用像前两天那样四口人挤两张单人床了。晚上无事可做，时间充裕，吃着宫岛特产枫叶形状的"馒头"，四个人一起在灯下写日记。

今天的这篇日记对高高来说是个转折点。这是他第一篇从构思到写作都很享受的日记，还没写完就要急着给我们念。享受，我想，是因为他第一次感觉到了他可以通过自己对词句的选择和

54

组织,成为他所创造的那个小世界的主宰。在这个世界里,宫岛不属于历史,不属于宗教,更不属于 UNESCO(联合国教科文组织)。这个本该是神圣的海岛被"强盗"占领了,它们或虚情假意地凑到人们跟前,或若无其事地在松树下乘凉,然后趁别人和它们合影的时候,偷人家书包里的吃的。人们却还毫不介意,乐此不疲。最可恶的是,它们还爬上山,挡住了爸爸去厕所的路!这样的宫岛是高高的宫岛。用笔把这样一个海岛写在纸上,这是一种新的能力,使用这种能力就仿佛在玩新买的玩具,让孩子兴奋不已。

得得开头学哥哥的样子,提到了 UNESCO,提到了偷东西的鹿。不过他的日记还和以前写的相似,主要是按顺序写,并没有一条贯穿始终的主线把不同的事件和细节串起来。毕竟比哥哥小了两岁,有些事情强求不来。玩了一天,已经很累了,能坚持写,就已经很不错。写一句话也比一句话都没写强。

我对孩子们说,"哥哥今天写得特别好!因为这里有转折,有意外,有描写,有对话;但最重要的是哥哥选择了一个主题——宫岛的野鹿——而且只写了和这个主题有关的事,把无关的都省略掉了。结尾我有些意外,我本以为哥哥要改变话题,改写弥山了,没想到,爬山只是幌子,只是为了给写野鹿提供一个新地点,一个新情境,而且顺便还把爸爸引了进来。日记的开头就是爸爸最先提到的这些宫岛神兽,这样结尾便和开头有了呼应,日记便不仅有了主题,还有了结构。"

"高高,我觉得唯一可以考虑修改的地方就是你写爬弥山的时候。我知道爬山本身不是你的重点,但既然你说这是你一天里的最爱,那么就该解释一句,爬山为什么好玩,或者在山顶看到了什么之类的。这样,这篇日记就更丰富了。"

"得得,爸爸觉得这次你的结尾写得好,坐缆车下山,坐了很久才下到山底,悬在半空中,咱们才意识到刚才自己爬得可真够高的。爬山的时候,虽然很累,虽然爬了很长时间,但都不知道爬了有多高,反倒是下山的时候才明白过来。这种感觉很真实,来自于你自己的观察,爸爸妈妈都没有写到,被你抓住了,很好。另外,严岛神社始建于593年这个细节也很不错,以后可以留意多加一点儿这样的东西。不过爸爸妈妈去一个神社就美得像'登了天',这可有点夸张,爸爸妈妈有这么没见过世面吗?你是想逗我们玩儿,对吗?如果是,那你可真逗!"

4 岩国看到四个字:路上小心

爸爸 3月17日 周二 晴

　　日本有"山看富士,瀑看那智,桥看锦带"的说法。看疫情没有消退,今早本来打算打道回府,但天气实在太好,加上我昨晚的推销,孩子们对锦带桥都很期待。还是迎着阳光,向南,进山口县,去岩国,看葛饰北斋画过的桥!

　　本以为就是停车照相,看一眼桥就走,没想到过了桥还有一番天地。

　　桥上游客很多,桥下锦川畔上坐满了野餐的人,但桥对面的岩国城下町却游客稀少。岩国藩主吉川广嘉的塑像立在一树樱花下,旁边一尊"岩国杭州友好纪念碑",解释了锦带桥的由来。竟然是江户时代,杭州而来的明代高僧带来《西湖揽胜图》献给吉川氏,受图中西湖上的拱桥的启发,岩国人才在17世纪上半叶,把之前常被洪水冲垮的单孔桥改成了现在类似多孔桥的模样。孩子们去年暑假刚去过杭州,都说没看到这样的桥啊。的确，石头基柱上架木拱桥，我们在杭州可没见过。

孩子们最想去的是白蛇博物馆和鸬鹚饲育场。按着地图找，却走进了旧目加田家住宅——一处保存完好的旧武士宅邸。在院子里，我们都被一树黄花吸引，花的形态从没见过。一位老者大步经过，看到我们在看花，便停了下来，指着花对两个孩子说了一通，见孩子们听不懂，又用英语说，"日本最好的纸就是用这种花做的，日本的纸币就是用它做的。"一边说，一边掰着花瓣解释说，这叫"三桠"，因为每一枝都分成三个小枝，每个小枝都生出浅黄色的花。

这种花是日本纸币的原材料

得知我们来自中国后，他说自己去过中国三次，北京、上海、西安、山西都去过。"中国美食No.1！"他说自己是工程师，过去为三菱工作。"不过现在我退休了，这里是我的家，每天我都来这儿逛，每天都是星期天。"这是一个身材魁梧健硕的老人，戴着帅气的遮阳帽，走路迈着大步，略微有些摇晃。

他走出目加田家，又在门口停下来，等我们也走出来的时候，他单膝跪在地上，很漂亮地用树枝在土地上写了四个汉字：路上小心。

我们用中文念出这四个字的读音，老者也学着念，"路上小心"。

疫情中，我们需要这四个字。

谢过岩国的工程师，孩子们继续找白蛇和鸬鹚，我穿过吉香神社，去看征古馆。征古馆，早稻田大学毕业的佐藤武夫设计，西式古典主义风格。在这样一个小镇，有这样大气的历史博物馆，而且是1945年就有了，我很吃惊。

"吉香鹅之里"就在旁边。找到孩子们时，正赶上饲养员站在巨大的笼子里，一只只地检查鸬鹚的颈囊。笼子很干净，没有异味，鸬鹚一身黑羽，只有脸颊是白色的，蓝色的眼睛下有一撇淡黄。它们都昂着头，鹰一样立在水池边，有种我从没见过的威严。想起影像里常见到的鱼鹰（即鸬鹚）被渔夫揪着脖子把嘴里的鱼抠出来时的可怜相，不禁很感慨。

剑客佐佐木小次郎

沿着吉香花菖蒲园向锦川的方向走,路过据说是岩国出身的剑客佐佐木小次郎的雕像——举着野太刀,做出他独创的剑术秘技"燕返"的姿势。有趣的是锦带桥头卖冰激凌的两家店铺,一家叫佐佐木小次郎,一家叫剑侠"宫本武藏"。严流岛上两位剑术家的著名决斗搬到了圆筒冰激凌上,不亦乐乎。

我们都不得罪,在武藏家买了冰激凌,在小次郎家买了当地著名的岩国寿司和藕片,坐在岩杭友谊碑前吃。此时阳光普照,心情舒畅,本来打算打道回府的心,松了一些,决定按原计划,去"维新运动的胎动之地"——萩。

"路上小心!"

高高　3月17日　周二　晴

This morning, Dad woke up, thinking about *canceling*（取消）the trip and going home. I, knowing where we were planning to visit next, told him, "At least, we should go to Iwakuni and see the famous Kintai Bridge!" Dad nodded and said, "Well, it is very close…"

We parked on a rocky beach right down by the Nishiki River. Instead of going to the bridge straightaway, I played stone skipping on the river and Jake immediately joined me. Every time I got a good throw, I would shout, "Mom, Dad, did you see that?" Even though I knew they did not see. Every time I found a good rock, I would force my parents to watch. But for some reason, I usually got a bad throw when they were watching.

Like always, Dad got bored and told us all to go to the bridge and so we went. I was surprised that we needed to buy tickets to get on the bridge.

But we still went.

I ran up to the bridge and then slowed down later. Dad said repeatedly, "Amazing! This is amazing!" Even though it was annoying, I did not tell him. We kept on walking.

Later we went to the White Snake Museum and a training center for the Japanese *cormorants*（鸬鹚）. The snakes were as white as the tip of a fox's tail; the cormorants were as black as the octopus ink.

With a hilltop castle, two rare animal centers, and a historical bridge, I agree with Dad that the little town of Iwakuni is amazing!

早上，爸爸起了床就考虑要终止这次旅行，回神户的家。我知道计划里下一站要去哪儿，便和爸爸说，"至少，咱们应该去岩国看看锦带桥再回家啊！"爸爸点了点头说，"嗯，倒是离那里很近了……"

我们在锦川边的一片碎石滩停下车。我没有直接去看锦带桥，而是在河边打起了水漂儿，弟弟也立刻加入进来。每次我打得好的时候，我都会大叫，"妈妈，爸爸，你们刚才看到没有？"虽然我知道他们根本没有在看。每次我找到块好石头，我都会强迫他们看；但不知道为什么，他们真的看的时候，我每次都扔不好。弟弟跟我一样，我干什么他就干什么。

锦带桥和山顶的城堡

和平常一样，爸爸烦了，叫我们去看大桥，我们只得去了。上个桥竟然还需要买票，我很吃惊，不过，我们还是上桥了。

我跑上拱桥，又慢慢地跑下来。爸爸反复地说，"太厉害了！这真是太厉害

饲养鸬鹚的"吉香鹅之里"

了！"虽然这有点儿烦人，但我没跟他说。我们继续向前走。

过了桥，我们看到了一个白蛇博物馆和饲养鸬鹚的地方。蛇像<u>狐狸尾巴</u>的尖儿一样白；鸬鹚像<u>乌贼的墨汁</u>一样黑。

山顶的岩国城堡，两个少见的动物中心，再加上一座历史之桥，我同意爸爸的话，小小的岩国真的太厉害了！

得得　3月17日　周二　晴

Today we went to a bridge. Its design was to overcome floods. When we got on the bridge, I ran over the first slope and almost tripped on the second slope because there were little stairs on the second but not on the first.

When we got to the other side, straightaway I found an ice cream shop. Well, actually two! I asked my dad if we could get one. Dad said, "When we get back." "Fine," I said, *grudgingly*（不情愿地）.

My dad found a map and we all looked at it. Dad pointed out that there were two places we (my brother and me) might enjoy: a snake museum and a place where we could look at birds. It took us a long time to find them. We finally found the snake museum, and the bird place was right behind it but we did not know that. We had to go around Nikko Shrine and wasted a lot of energy and time.

But at least it wasn't a total waste, because on the way my dad finally found a museum. This was great news for Dad because he loved museums. While Dad was "enjoying" the museum, we found the birds!

When we were about to leave, we saw a statue of Sasaki Kojiro. He was a master sword fighter in the 17th century. He was known for his sword skill called "swallow counter". I wish I could be as good as him.

Today was a great day.

今天，我们去看一座大桥。为了抵抗洪水，桥设计成了好几个拱形。我跑过第一个拱，没事，但跑过第二个拱的时候，差点儿摔倒。因为第二个拱上有台阶，而第一个拱上没有。

一过桥，我就发现了一家冰激凌店。嗯，其实有两家！我问爸爸能不能买一个吃，爸爸说，"等咱们转回来的时候买。"我很不情愿地说："好吧。"

爸爸找到一张地图，我们都凑过去看。爸爸指出有两个地方我们（我和哥哥）可能会感兴趣，一个是白蛇博物馆，另一个是看鸟的地方。找了好半天才找到这两个地方。找到白蛇博物馆的时候，其实鸟馆就在它后面，可我们不知道，还绕过吉香神社，兜了一大圈，浪费了很多精力和时间。

不过也不能算完全浪费，因为在路上，爸爸终于找到了一家历史博物馆。这对爸爸来说可是个好消息，因为他就爱看博物馆。就在爸爸"享受"他的博物馆时，我们找到了那些大鸟！

正要离开的时候，我们看到了佐佐木小次郎的雕像。他是17世纪的剑术大师，最有名的招式是他发明的"燕返"。要是我也能像佐佐木一样厉害就好了！

今天太好玩了。

乌贼的墨汁和狐狸尾巴上的白尖儿

哥哥还是一样，写日记有构思，写的东西大部分跟他的构思有关，所以省略了很多东西。弟弟也还是一样，习惯有头有尾地把一天里的事按顺序记下来，所记录的细节往往互不相干，但有时比哥哥的还更丰富。这种区别和他们之间的年龄差距有关，改变需要时间。

"哥哥这篇的开头有意思。"我说,"这是哥哥的特长。结尾也不错,和前面爸爸说的话呼应,写出了自己态度的转变,岩国没白来!唯一需要加几笔的是为什么你的态度改变了,为什么你也觉得岩国'太厉害了',对吗?你提到了白蛇博物馆和鸬鹚饲养所,但不能提完就结束了,这里还得有一两句描写。"

高高随口便说,"蛇像雪一样白,鸬鹚像墨汁一样黑。"这样的结构,这样的比喻句,他在学校学过。我说,"可以,就加这样的话;但比喻太没劲了,太不厉害了。你能不能想点儿绝的,想点儿更让人想不到的?"高高想出来鸬鹚的羽毛黑得像章鱼的墨汁,但蛇还是雪白。我说,"既然你第二句把一种动物比成另一种动物,那你第一句也这么干,就有意思了。"于是,高高想出了狐狸尾巴尖儿上那块白。

得得的细节特别多,还有对话,太好了!锦带桥的第一个拱形上没有台阶,第二个却有,得得差点儿被它们绊倒。这是得得的发现,别人都没有注意到。剩下的三个圆拱还有没有台阶呢?不知道,可能因为得得小心了,没有摔跤,所以也就没写。一下桥就看到冰激凌店,还是两家;找路找了半天,其实近在眼前,却兜了一大圈才找到鸬鹚饲育所;不过找鸬鹚的时候爸爸却意外地找到了博物馆。这些细节都很好,因为它们不是编的,很真实,仔细读就能感到当时的快乐,当时的动感。我让得得改几个地方:"一是关于冰激凌的对话,爸爸说待会儿再买,你说'好吧',但是什么样的语气呢?我们看不出来。是特别高兴充满期待的'好吧',还是无可奈何的'好吧',加一点儿说明,就生动了。二是你说爸爸'终于'找到了一家博物馆,为什么是'终于'?其实是爸爸这次春游一直在找博物馆,在很多大城市没看到,反倒在岩国这个小镇无意中找到了，而且博物馆还特别好，这是你想说但没说的话。虽然你不用把这些话说得这么明白，但需要加一两句话解释一下，这样就更有意思了。最后是剑客佐佐木，你问了爸爸他是谁，为什么有名，你把这些信息都写在日记里了，非常好。但如果能加一句你看完他的雕像、听完这个剑客的介绍后你自己的感受，就更好了。就跟哥哥提到白蛇和鸬鹚一样，别光提一下就完了，试着写完看到的景、物后，用恰当的词语形容一下，或者写写你自己的感受。有时候，加一句话感觉就不一样，就不那么生硬了。"

5 山口县的萩和美祢(mí)市的秋吉台

爸爸　3月18日　周三　晴

菊浜海滩

昨天下午，离开岩国，去萩。向北，穿过本州西部最狭窄的部分，从濑户内海开车到日本海，不到两个小时就到了。

过桥本桥进城，萩四平八稳，没有旅游城市的感觉。城下町保存了完好的江户时代武人街坊的格局，矮墙黑白相间，墙里是一栋栋精美的日式别墅。每家都种了橘树，每棵都硕果累累，枝丫伸到巷子里，地上落满了巨大的金色果实。

本想先去萩城址，一条小路却把我们带到了大海——日本海！狭长的菊浜海滩上一个人也没有，远处，一边是指月山，一边是见岛。浪又大又急，比濑户内海的海浪要凶要猛，沙滩上到处都是被打碎的螺壳。夕阳下，一排排松树倾斜在岸边，像墓场的石像生。一派苍野的景色。

秋芳洞的入口

萩城遗址所在的指月公园还开着，门口红旗子上飘扬着"明治维新胎动之地"的字样，这是萩人的自豪。萩城明治初期就毁掉了，毕竟是维新胎动之地，怎能留下旧藩之象征呢？不过还有志都岐山神社和搬来的花江茶亭是旧物，石灯、石兽、石径上长满了青苔。

绕过萩城天守阁的废石，就是西浜海滩。这边风浪更大，黑蓝色的海面上鼓噪着白沫，与在仙醉岛和宫岛看到的那片静如处子的内海截然不同。远远能看到一个男人在岸边松林下，看着大海沉思。有人穿着红色的短裤，沿着海浪留下的白痕跑步。孩子们在这边迎着风浪大叫。

晚上住在一家叫"兔子"的民宿，在超市买了萩的鲹鱼和大分产的鲷，生鱼片就着鸡蛋方便面吃。楼下似乎是个酒吧，能听到卡拉OK的歌声，一直唱到深夜也没停，让这个睡意沉沉的小镇有了看不见的活力。

今早先去明伦学校，日本最大的木造小学校舍竟在这里，难怪是孕育维新之地，然后去蓝场川看旧武家屋敷（旧时武士居住所）和有锦鲤的下水道。孩子们兴奋地买了鱼食，锦鲤却似乎不感兴趣，兀自从一家门口游到另一家。小溪旁是桂太郎的旧宅，桂太郎曾当过日本的内阁总理，还当了三任。不远处还有伊藤博文的家。日本近代称雄亚洲的事儿，似乎让萩人给包了！

有锦鲤的下水道

午饭前赶到萩之维新史迹的重地——为纪念有"维新之师"之称的吉田松阴而建的松阴神社。松本川边，游客

64

寥寥，十分幽静。花月楼外，扫地的园丁大姐很自豪地指着刚刚萌芽的树枝，告诉我们，"樱花就要来了！"透着春天的喜悦。一条小径把松下村塾、松阴旧宅和幽囚之地、松阴神社，还有十分摩登的宝物殿、至诚馆连在一起；而步道入口处的石碑上所刻之字，却不是什么松阴的豪言壮语或维新哲思，当然也不是他要吞并朝鲜和中国东北的军国妄想，而是松阴临死前担心父母伤心的话：孩子对父母的爱远没有父母对孩子的爱深，我将死的消息，如果传到父母耳边，他们的心会怎么想啊！几句算不上名言警句的话一下子使这个历史遗迹有了人的温度。此行，所到之处，几块碑刻词句的选择都让人吃惊，也让人会心，比如广岛原爆点旁铃木三重吉的"梦"语，比如这维新胎动之地吉田松阴关于亲情的伤怀，都似有深意，又平实近人，没有声嘶力竭的姿态，反倒让人愿意在碑前驻足。

很难想象左右日本近代转型的几位重将，就在这个不起眼的地方接受最初的教育，很难想象维新胎动之地会在这样远离核心之地的萩，松阴所谓的"草莽崛起"论似乎在暗示日本的活力之源不分远近，不分贵贱。不禁想到中国近代新生之地该在何处呢？

孩子们都觉得萩最没意思，日记都懒得写。

"Today we are going to Hell Plateau!" Dad explained. We were driving up a mountain and I felt carsick. I could see two dads, two moms, and two Jakes. Then pointy rocks came into sight. Dad burst out, "That is the Hell!" pointing to the field of sharp rocks. It wasn't what I was expecting. I was expecting something scarier, not just a bunch of *dagger-like*（像匕首一样）rocks. Dad added, "We will go to a *cave*（山洞）after this." That raised my spirit up a little bit. I love caves.

When we arrived, we did not see anybody but us. There was a long concrete pathway in the middle of a forest that led us to the cave. The entrance was a large crack in a mountain! There was a wooden bridge that led us into the

cave. A few meters into the cave was a unique rock *formation*（形状）that looked like rice *terraces*（梯田）. It was called The Hundred Plates. I have never seen a rock formation like that before. But the cave was not very big.

After visiting the cave, we went to Akiyoshidai Plateau, which looked just like the "Hell" we drove past earlier. So Hell No.2. Dad told us that this whole area was under the sea millions of years ago. The stone daggers we saw were originally coral reefs! We ran into the forest of stones quickly, eager to see what the Hell would look like. There was a dirt trail that guided us through. Dead trees littered the desert-like plateau; sharp rocks shot out of the ground like porcupine quills.

We walked while Dad made a phone call. When he finished, he had no hesitation to take pictures.

At the end of the trail was a big tree. It was the only tree there and it was so green that it stood out like a sore thumb. After taking some pictures with the tree, we quickly walked back to the car and left the Hell!

秋芳洞百枚皿

"今天，咱们去地狱台！"爸爸一边开车上山，一边跟我们解释。我正晕车，能看见两个爸爸，两个妈妈，两个得得，然后一堆尖尖的石头进入了眼帘。爸爸指着窗外满是锋利石头的台地，大叫，"就是这个地狱！"这可跟我预期的大不相同。我本来以为"地狱"会更可怕些呢，总不能就是堆像匕首一样的石头吧。爸爸又说，"待会儿咱们还会去看个石洞。"这才又让我兴奋了一些。我爱山洞。

秋芳洞，除了我们几个，几乎没有别的游客。森林中一条水泥小路把我们引到山洞，洞的入口就是山里的一个大裂缝，我们沿着一个木桥走了进去。没几米就看到一个很特别的钟乳石地貌，看起来像是中国的梯田，名曰百枚皿。这样的地貌我还从没见过呢。不过，山洞本身并不大。

从山洞出来，我们去了秋吉台，跟刚才开车路过的"地狱"很像，所以是"地狱 No.2"。爸爸说，这整片地方几亿年前都是在水底，我们看见的匕首一样的石头本来是海底的珊瑚礁！我们飞快地跑进了这片石头的森林，迫不及待地想要看看"地狱"到底长什么样子。有条土路引我们前进。沙漠一样的高原上到处躺着死树，锋利的石头从地底下钻出来，像豪猪的刚毛。

我们在石林里乱转的时候，爸爸正打电话，不过一打完电话，他就毫不犹豫地照起相来。

土路的尽头是一棵大树。整个秋吉台只有这里有一棵树，特别绿，特别显眼。我们和大树照了相，快速地走回了停车场，离开了"地狱"！

美弥市秋吉台合影

爸爸说：

贵在坚持

山口县美弥市的秋吉台高原是日本喀斯特地貌最集中的地方，旁边的秋芳洞是日本最大的石灰岩钟乳洞。来日本后一直在海边玩，今天需要穿过内陆，从日本海边的萩开回濑户内海边的广岛。虽然有点儿绕道，但还是决定带孩子们来这两个远离大海的景点。

秋芳洞不大，洞内的灯光也远不如北京的石花洞，加上孩子

们的预期又高，难免有些失望。秋吉台倒有意思，远古的海底世界现在变成了高原上一望无际的巨石群。不过可能是季节不对，草很高，衬得石灰岩柱显不出高大嶙峋来了。这一天，萩和美祢的秋吉台与秋芳洞都没有打动孩子们，他们都不想记日记。我要他们坚持，否则春游就缺了一天。孩子们没办法，还是记了。

　　去秋芳洞前，路过了一片喀斯特地貌，其实也是秋吉台高原的一部分，不过有自己的名字，叫地狱台。这样的名字很唬人。没想到高高就以"地狱"为线索，串联起了一天中的几个片段，从爸爸宣布"去地狱"开始，到匆匆离开"地狱"结束，我夸他这个结构想得好！另外我对高高说，"这篇日记里提到的几处细节，虽然可能看起来有些多余，但我觉得很好，因为这些细节体现了你的观察。比如去秋芳洞的步道是森林里的一条水泥路，而秋吉台的步道却是土路（其实秋吉台也有水泥的步道，但咱们走了一部分土路），这种对比很好。比如，爸爸打完电话就忙不迭地给你们照相，仿佛是要把失去的时间给抢回来一样，你们肯定觉得可笑。可这样的细节却很生动，没有这样的细节，就很容易变成了一个景点到下一个景点的流水账。再比如，最后的那棵树，的确很奇怪。一望无际的秋吉台，几乎没有树，只有草；可是在那里有棵树，而且还枝繁叶茂，好像专门为了给游客一览秋吉台全景时遮阳用的呢。不知是天然的，还是后来人们栽的。另外你提到，到了秋吉台，你们迫不及待地跑了进去，想看看这个'地狱'到底长什么样子，这非常好。但后面你并没有回答你自己提出的问题呀，它到底是什么样子呢？这里，你需要加一两句描写。"

6 广岛县大久野岛（兔岛）濑户内海国家公园

爸爸　3月19日　周四　晴

今天属于濑户内海。

出广岛，往竹原忠海港的方向走。海一直就在手边，宁静的蓝色，远处的小岛似触手可及，蘑菇一样一个接一个冒出来，让人不敢相信这是海景。

在忠海长浜的展望台停车，看到广岛作家若杉慧的文学碑。1926年到1927年若杉慧曾在忠海高等女

竹原忠海港

校任教，1946年发表了小说《伊甸之海》，讲述青年教师南条与"野生少女"清水巴的恋情，眼前怅然若失的忠海就是他们的舞台。二战后的青春阳光之作，旋即就被改编成电影，而且还是好多次，其中1976年版的清水巴是山口百惠出演。

巨大的横石上刻着"伊甸之海"的字样，这是作家战后对这片水的命名。不远处就是大久野岛，日俄战争和二战时期生产毒气弹的地方，不过现在是"兔岛"，孩子们，尤其是得得，一直盼着去呢。

大久野岛上喂兔子

坐船上岛的游客很多，有像我们一样带着小孩的，也有年轻的情侣，穿着可爱的服装，拎着卡通的旅行箱。本地人到这里休假，气派的度假村就在沙滩边。一层全是兔子主题的商店，孩子们买了兔子形状的筷子垫，和巨幅的野兔照片合影，吃了"兔子Café"的白兔冰激凌。门外一片南洋风光，高挑的棕榈树突兀地站在沙滩边的水泥道旁。

棕榈大道的尽头是一栋废弃的小平房，说明牌上解释这曾是毒气

弹的研究所，度假村新建成时，这个小平房变成了最初的旅社。再走几步就是毒气战资料室，离沙滩不远还有一战到二战期间生产了无数毒气弹的工厂和实验室，以及好几处毒气储藏库。战争结束后，毒气工厂停了，实验室关了，岛废弃了，人走了，兔子却来了——成了这里的名片！白色、棕色、黑色还有 花色斑纹 的兔子，或蹲在工厂废墟没有窗户而光秃秃的窗台上，或从黑乎乎的门洞里爬到修剪平整的草坪上，有人捂着裙子半蹲在地上和它们照相。与历史的阴影重叠在一起，这样的关系不是外人能够轻易理解的吧。毒气战资料馆里没有别的游客，只有我和李峥两个。

孩子们在栈桥边的浴场上打水漂儿，沙滩上全是被海水磨平的扁石。得得扔出的石片儿，能在海面上像兔子一样跳十几下才沉入水底。孩子们扔乏了，就去喂兔子。他们躺在岸边的石头上，把兔食放在胸口，兔子毫不胆怯地爬到孩子们身上，完全不怕被他们一把抓住。

我们穿过大久野神社，爬上灯塔所在的山坡，海水中的小岛，星星点点，大大小小，一直延伸到远方的四国，数不过来。伊甸之海，平静得像一碗水，仿佛什么都没有发生过，什么也都不会发生。

Today we went to the Rabbit Island.

Do you know why it is special to me? Because my *zodiac animal*（属相）is rabbit!

When we got to the Rabbit Island, I saw so many rabbits! I brought my fish food just in case the rabbits could eat it. But just to make sure that they would have something to eat, I also bought rabbit food at the ticket office. So I got extra food for my rabbits! There were even better ways to feed them. My mom and dad figured out that rabbits could eat apple peel and orange peel, so we never needed to worry about running out of *supplies*（供应）!

When we got off the ferry and were just about to get on the bus, it left! So we had to walk. But I thought it was pretty good that we didn't take the bus, because we would have missed a lot of rabbits on the road.

Soon we saw a beach. My brother and I tried to lure the rabbits to the beach. But we failed and wasted a lot of food at the beach. We did stone skipping on the Seto Inland Sea! My brother even found a cave that was filled with perfect rocks for stone skipping. We even taught my dad how to do it and he used some of our best stone selection.

Then we went back to the boat that would take us back to the mainland. But we still had a lot of rabbit food, so I had to use lots of rabbit food all at once. The rabbits were so happy!

今天我们去兔岛。

你知道为什么这个小岛对我特别重要吗？因为我属兔！

到了兔岛，我真的看到了很多小兔子！我还带着我之前买的鱼食，说不定兔子也爱吃呢。不过以防万一，我还是在上岛前买了一兜兔食。我有好多吃的给我的兔子啦！爸爸妈妈发现它们也吃苹果皮和橘子皮，我就更不用担心没有东西喂它们了！

下船，上岛，赶摆渡车，结果还是晚了一步，车开走了，我们只得自己走。不过，这样更好，如果坐车的话，我们就会错过好多路上找食吃的小兔子了。

喂兔子

打水漂

走了不一会儿,看到一片海滩。我和哥哥想把兔子引到海滩上来玩,但都失败了,还浪费了好多兔食。不过,我们在濑户内海里打起了水漂!哥哥在岩石上找到了一个小洞,里面有很多小石片,用它们打水漂,实在太棒了。我们还教爸爸打水漂,他用了好几块我们最好的石片。

走回码头,准备上船回去,手里还有好多喂兔子的好吃的呢。我把这一大堆兔食都撒出来了,这下兔子们可高兴坏了!

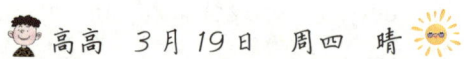

When the trip started, I wanted very badly to go to the Rabbit Island. When my dad said we were going there today, my head exploded with excitement!

We bought ferry tickets for the island, but we had 30 minutes to kill before the boat trip. So we used our 30 minutes wisely. We used iPad… No, just joking! We actually went to buy food for picnic. It took us a long time to find a 7-11 because we walked the exact opposite way from where the 7-11 was. We found it when Mom used her phone very wisely. We bought what we wanted and got back to the ferry perfectly on time, which *required*(需要)some running. We were off to the Rabbit Island!

When we set foot on the island, I thought the rabbits would be like the deer bandits but instead they were chubby and very cute! Oh, sorry, I forgot to mention that we bought 2 bags of rabbit food, one for my brother and one for the king, a.k.a. me — not my dad, as you may think it was him. When the *bunnies*(兔子)saw us, they ran right up to us and begged for food. This type of thing happens to *carp*(鲤鱼)too. When I stand by the bridge, carp swim around, mouths open for food. We fed the rabbits but later on I noticed that I needed to save some food because this island was big! Jake wasted tons of rabbit food on the way, but later he realized that he needed to save food too. While we were eating lunch, Dad ate some of my spaghetti. Later on, Jake wanted some too, but I finished before he asked.

I saw a beach lying ahead, so I ran. My parents decided to go to see a museum. I still do not get what is so great about a museum. Luckily my parents gave my brother and me a choice of going to either the beach or the museum. The choice was obvious. We went to the beach! I played stone skipping for a long time. After tons of great throws and videotaping, we left the beach and kept on walking.

Well, time flew. So we had to go back to the place where we first set our foot on this island. The food I saved for the bunnies was too much and now I did not need to save it anymore. I loved it when I gave them a piece of food and they started crunching it up. I let them crawl on my belly and legs, hoping they wouldn't poop on me.

Feeding the bunnies made me feel like a mother!

春游一开始，我就特别想去小兔岛。爸爸说今天咱们就去那儿的时候，我的脑袋兴奋得都快炸了！

买完上岛的船票，离开船还有半个小时呢，这半个小时我们可用得十分明智。玩平板电脑吗？当然不是，我逗着玩呢！我们去买野餐用的午饭了。找便利店花了很长时间，因为开始我们完全是朝着便利店的反方向走的。妈妈用了手机导航后才找到的。我们买了各自想吃的东西，跑着赶回码头，时间刚刚好！小兔岛，我们来喽！

兔岛

刚上岛的时候，我以为野兔会和宫岛的强盗鹿一样呢，没想到，兔子们都胖乎乎的很可爱！哦，对了，我忘了提我们买了两兜儿兔食，一兜儿给弟弟，一兜儿给大王我——不是爸爸，虽然你可能以为我说的大王是指他。兔子看到我们就立刻凑上来，求我们喂吃的，有点像鲤鱼。我们站在桥上的时候，鲤鱼就游过来，嘴巴张得大大的求我们喂。喂了

爬上身的兔子们

一会儿，我就意识到得省着点儿喂，兔岛大着呢！得得浪费了好多兔食，不过，过了一会儿，他也知道要省着点儿喂了。吃午饭的时候，爸爸吃了点儿我的意大利面。弟弟也想要点儿，不过他还没来得及开口要，我就把面都吃完了。

我看到前面躺着一片沙滩，立刻跑了过去。父母却决定要去看一个博物馆，我还是不明白博物馆有什么好看的。幸运的是，父母让我和弟弟选，是去看博物馆，还是去沙滩。这道选择题的答案太明显了，去沙滩！我们玩打水漂儿玩了很久，扔出了好多完美的水漂，录了一大堆像后，我们离开了沙滩，继续走。

时间过得飞快，我们得回去了。手里还有好多攒下来的兔食呢，这下不用再省着了。我特别喜欢看兔子们咬碎食物时的样子。我会让它们爬到我的肚子和腿上，心里想着只要它们别在我身上大便就行了。

喂小兔子让我有了当妈妈的感觉！

今天什么都不用改啦！

我跟得得说，"咱们来日本快两个月了，写日记也快两个月了，爸爸觉得这是你写得最好的一篇日记。为什么？因为它不是流水账，因为它前后有个统一的主题，就是喂兔子。从给兔子准备食物，到爸爸妈妈发现兔子也爱吃水果皮，再到你们想用好吃的把兔子引到沙滩上，最后是离岛前发现由于一直没舍得喂，结果手里攒了好多兔食，只得大把大把地撒给兔子了，一切都和喂

兔子有关。另外开头的自问自答,也不错,以后还可以接着用。这次,什么都不用改了。"

"哥哥写得也不错,'脑袋兴奋得都快炸了',形容得不错,兔子和野鹿还有鲤鱼的比较也很好。喂兔子的时候,一大群可爱的小兔子围着你,睁着大眼睛求你给它们好吃的,这种感觉肯定很好吧,好得都让你有点儿当妈妈的感觉了——这个结尾最好!"

"这次,你们哥俩儿什么都不用改了。"

"耶!"两个孩子都叫了起来。

7 春分那天在尾道

爸爸 3月20日 周五 晴

昨晚从大久野岛赶到尾道时,天已经快黑了,赶紧去看千光寺。停车场还有人收费,但佛殿都已经关了。沿着精致的石板道,在大宝山上爬上爬下,岔口像树枝一样分开,每一条小路都很诱人。路两旁全是谦逊的老旧木屋,看不到住户,却都维护的很好,像衣着一丝不苟的老者。多处标牌指明日本近代画家常来这里写生,两处平山郁夫写生的地方都配有原画的照片,使得这个海边山坡上的小镇更加与众不同。鱼鳞瓦,多宝塔,上山的闲猫,忧郁的山阳铁道,深沉的海岛,海岛间飞鸟一样的桥和无声的海道。孩子们在"鼓岩"上敲击着有金属声音的巨石,我们等着满山的路灯开放。

尾道旅馆,不多又贵,于是开到福山市打尖住店。今早起来看时间还早,便去酒店旁的福山城。城堡是复建的,展品乏善可陈,孩子们看了几眼就跑出来。没想到城下月见橹旁的儿童游乐设施却很好玩,有

能敲出金属声音的"鼓岩"

巨大的日式城堡作背景的游乐场倒真不多见啊。得得逞能,爬水泥做成的树,把胳膊擦破了。

福山城下杭谷一东的大型雕塑《水的城》旁边,一大群年轻的女孩,穿着和服,拿着鲜花,高高举起,又清脆地叫着什么。一查,原来今天是春分!

趁春分,再去濑户内海边的山城尾道。

走过一条条旧巷老街,看了作家志贺直哉的旧居,拜了号称"国宝寺"的净土寺,又去了真言宗醍醐派的大本山西国寺。西国寺山门外的两位室町末期的仁王格外雄健,巨像前挂了比人还高的草鞋,据说是专为仁王粗壮的腿脚配备,很有意思。

春游一路,就数尾道游人最盛,几乎摩肩接踵,中午去吃著名的尾道拉面(用鱼熬汤在日本拉面里还不多见),竟需要与人拼桌。也难怪,毕竟小津安二郎的《东京物语》一半儿是在这里拍摄的,毕竟是志贺直哉写《暗夜行路》的地方。女作家林芙美子的雕像半蹲在尾道火车站旁,"被烟熏黑的小镇屋顶,宛若灯笼在散开",她写得真好。昨晚在酒店里看关于尾道的宣传册,里面一对老夫妇和《暗夜行路》里的主人公一样,从东京逃到尾道,在蛛网般错综的石径里的某

尾道街边

个角落退休。尾道显得很旧,而且是旧得执拗,旧得自得其乐,隐约能感到这种旧让尾道在日本人心中成了某种符号,但对于带着孩子的我们却似乎隔了几层。吃完了有点儿过咸的尾道拉面,高高、得得已经等不及要回神户了。

高高　3月20日　周五　晴

今天终于要回神户了，回家的路上顺便去了一下尾道。我们停在了一个日式的停车场。所有人都不懂怎么交钱，所以爸爸派给我一个很危险的任务：侦查别人怎么停车交钱。我觉得他应该自己去。

尾道有很多庙。看完一个，往前走一点儿，就有另外一个庙，但一个日本神社都没看到。我们去的

尾道旅游手册

第一个庙里全是国宝，那里还有一口大钟。我们先侦查了有没有禁止敲钟的牌子，没看到，我们就开始试着敲，然后又让妈妈敲。妈妈敲完了钟，一个老奶奶告诉我们不能敲钟。哎！

没走多远我就饿了。爸爸说今天能吃到著名的尾道拉面，他说好

中间的相扑手是在尾道买的

了的，要是不吃，得得就会大哭一场的。到面馆时，等座儿的队已经排到门外来了。所有人都点了拉面和日本的煎饺，看起来很好吃。我们学别人，也点了面和饺子。饺子挺好，但面不怎么好吃，主要是因为面汤有鱼的味道，而我不喜欢吃鱼！我不推荐尾道拉面！

今天不是很好玩，不过，我买到了我最喜欢的筷子垫！是相扑手的形象。原价要1000多日元，现在只卖200日元！

得得　3月20日　周五　晴

今天我们去了一个叫尾道的小城。山上有很多庙，没什么意思，山下的商业街还挺有趣。高高买了一个大胖子形状的筷子垫儿，我买了鳄鱼形状的木勺。爸爸买了一个大饼干，里面有一整只章鱼，已经给压

饼干里有只袖珍章鱼

扁了!章鱼身体是红色的,头很大,触角很长,连吸盘都看得清清楚楚的。要是我自己能抓到一只这样的章鱼多好!我和哥哥都想让爸爸立刻打开吃,但是他就是不吃,真烦人。

如果 Emma 也在就好了,因为这里有一条叫 "Cat Alley" 的小路,还有好多卖关于猫的东西的小店,Emma 最喜欢猫了。

爸爸说:

没事(写)找事(写)

濑户内海的港口小镇,街巷、庙塔、铁道,似乎都停在时间里,固执地保持着几十年甚至几百年前的模样。孩子们实在觉得有些莫名其妙,不明白尾道到底妙在何处,吸引了这么多游人,再加上今天又轮到得用中文写日记,真够让他们挠头的。

山坡上蜿蜒的石板道,黑瓦间突然凸起的古塔,这是平山郁夫画的尾道,是小镇的标志。让孩子写这些,实在是强人所难。所以还是跟他们说,就写你们觉得好玩的事情吧,想写什么写什么。结果所记之事大多和尾道无关,可以发生在

平山郁夫写生的地方

任何一个地方，尾道成了借口而不是主题。但买到了心仪的筷子垫儿和小勺；满心期待这里有名的拉面，却发现鱼味太重；爸爸买了一块里面有章鱼干的饼干，却不肯吃；街道上和商店橱窗里的猫让自己突然想到大洋彼岸很久不见的那个爱猫的小朋友：这些是孩子们的尾道。虽然很琐碎，但同样值得记录。

我对高高说："两次用到'侦查'这个词，一次是在停车场里，一次是在净土寺，这个重复用得有趣。尾道的拉面，在爸爸的吹嘘下，你已经等不及吃了；没想到面馆拥挤，拉面的面相也谈不上诱人，特色的面汤竟有鱼味。这里，你的失望可以多加两笔，至少可以描写一下尾道拉面到底长什么样子吧。"

我对得得说："你写的，爸爸都没写到。章鱼饼干最好玩，那能不能再多写两句饼干长什么样子？毕竟那可不是块寻常的饼干啊，特别大，里面是一整只章鱼，被压得像纸一样薄，跟张照片似的！"

得得说："可我都已经写了章鱼被压扁了呀，我真想不出来还能怎么写了。"

我说："那你就写这个压扁了的章鱼长什么样子——颜色，形状，你能看见什么就写什么。如果想不出什么有意思的话来形容它，那就写写你看见它的时候想了什么吧。"

得得说："我想要是我能找到一只章鱼就好了！"

我说："那写这个就行！"

⑧ 兵库县淡路岛海边拾贝

爸爸　3月21日　周六　晴

一睁眼，天气好得不得了，决定去淡路岛——"日本起源之岛"！

据《古事记》，日本神话体系里的两位开天辟地的大神伊奘诺尊、伊奘冉尊开创日本诸岛的时候，最先创造的岛就在淡路岛，所以是先有淡路，再有日本列岛。不过这个岛到底在哪，说法不一，有的说是在淡路岛北端的绘岛，有的说是在南端的沼岛。反正两个都在淡路，两个今天都去。

边开车边给孩子们讲了这么一通，讲得孩子们又兴奋又迷糊。还是高高听出了重点，既然是去海岛，还去大海岛边上的小海岛，肯定有海滩，那就够了！

出神户三宫，一路向西，过了舞子，向南穿过明石大桥，先到岩屋海滨上的绘岛。说是岛，其实是海边一块巨石，被海水侵蚀，满是孔

淡路岛北端的绘岛

穴，相貌怪异。上面还有红色的神社鸟居，下面的海水在阳光下竟是绿色，添了几分神奇。有桥可以上岛，但铁门紧锁，孩子们都有些失望，却又突然大喊，说是看见了鲨鱼。等我赶过去的时候，鲨鱼早已不见了，他们也已经又向前跑远了。

继续向南，开到洲本市，上三熊山寻洲本城迹。微型的天守阁完全是重建的，没什么意思，但巨大的石头城墙在浓浓的绿意中若隐若现，颇有古意。零散的石桌椅上坐满了午餐的游客，樱花开在头上，脚下是洲本的大滨海滩，完美的半月湾，纯洁的颜色。因为刚从一个沙滩过来，孩子们怯怯地问能不能再去看这个海滩，仿佛为自己的贪婪而有些不好意思。我说，这么美，你们不去我也得去。

白色的沙滩被一片黑松林围住，拨开松枝，无声的蓝色像巨大的幕布在眼前铺开，孩子们甩掉鞋子，冲向那片蓝色。远处一群赤裸上身的少年在水边大笑，一个穿了一身校服的孩子突然从水中跳起。

午饭后，沿着海边的小路一路南下去沼岛。土生港的摆渡船票亭里，几位面孔黝黑渔民模样的老者坐在彩色硬塑料椅子上聊天，他们身后巨幅照片里的"上立神岩"是我们的目的地。卖船票的是位很漂亮的女人，相貌让我想起了在《幸福的黄手帕》里和高仓健配戏的倍赏千惠子。摆渡船很小，和去仙醉岛的游船不同，船舱里没有任何额外的装饰，电视里也没有旅游的广告，而是放着古装的大和剧。乘客除了我们一家似乎都是岛上的居民，傍晚要回家了。斜对面的一位年轻男子抱着巨大的鸟笼，不时歪着头看里面黄色的鹦鹉。

10分钟就到沼岛了。耳朵形状的小岛，两头是山地，只有耳蜗处平缓，是天然的渔港，船就停在耳蜗里。穿过睡意浓浓的渔村，过了严岛神社，是小货店和邮局。有几处房屋打着旅社的招牌，但都关着门。水边有人在修理着自家的渔船，有人正拉着小船下水，有人在月牙形的沙滩上露营烧烤。

我们顺着山间的小路穿到岛的另外一边。白色的沼岛中小学旁是一大片水塘，野鸭和白鹭悠然自得。孩子们捡起路边的苇秆，在山坡

沼岛边的"上立神岩"

上比武。走了大概20分钟，终于看到上立神岩，即"天的御柱"——传说中天地间的通道，伊奘二神结婚的地方。恰有夕阳最后的光照在上面，嶙峋的巨岩在海中兀然突起，被光分割成黑白两面。神岩周围没有沙滩，全是巨石，巨石都面目可怖，上有怪脸般的纹路。浪凶得很，拍在神岩和它的喽啰背上，嗷嗷乱叫。孩子们却不怕，在巨石上上蹿下跳，看得我们心惊肉跳，大喊着把他们叫回到身边。

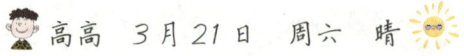

高高　3月21日　周六　晴

Even though we have come back home, that does not mean the fun ends. Today we went to a *top-rated*（热门）place of our road trip — the Awaji Island.

The first place we went to, after an hour's drive, was a beach on the northern tip of the island. My dad explained that Japanese people believed that the place where we were right now was where gods created Japan first. But for us, the main reason to come here was the beach. I ran to the ocean immediately after the car stopped. My brother followed closely behind.

There were not many crabs or hermit crabs. I picked up a shell *randomly*（随意地）. It was beautiful. So I ran back to my parents and showed them. That was what made Dad rush to the beach and started searching for shells. Mom followed him slowly. When we left the beach, Dad barely found anything, but Mom found many white and shiny shells. That was a great place for the start of the day.

We drove for another hour or so to reach a ruined castle on top of a hill. To my surprise, the place was free. We eagerly climbed up the hill. "What?" I said in *astonishment*（惊讶）. The castle was even smaller than a regular house. But the view was great! I noticed a big beach from where I stood. The colorful shoreline looked like Hawaii I've never been to.

Dad declared that we would go to the beach! So we drove down the hill.

Jake started whining when Dad parked in front of a museum. But of course Dad had a brilliant plan. He and Mom would go to the museum and we would play happily on the beach. You may think that sounds a little unsafe, but except for the deer, Japan is very safe. It turned out that the plan worked great! We dug big holes on the beach and buried our feet into the sand. Waves would wash the sand off and we'd dig deeper into the sand. Mom and Dad soon came to the beach. They immediately bent down to the ground, looking for shells. It turned out that Mom again was the one who found the best shell. It had a shape of a needle but with a spiral of castle stairs. She even found a tiny dried sardine.

Mom also found a curved piece of china that had many blue strips on it like waves. "It can be a chopstick holder!" I shouted!

  虽然我们回到了神户的家，但这并不意味着欢乐就结束了。今天我们去了这次自驾游里最好玩的地方——淡路岛。

  一个小时的车程后，我们先到了淡路岛的北端。爸爸告诉我们日本人认为我们现在站的地方就是神最先创造日本的地方。不过对我们来说，来这儿最主要的原因其实是海滩。车刚停下来，我就飞奔向大海，得得紧随身后。

  这里没什么螃蟹和寄居蟹。我随意捡起一块贝壳，竟发现很漂亮，赶忙回来给爸爸妈妈看。爸爸大步走向沙滩，也开始找起贝壳来，妈妈慢慢地跟在后面。等我们要离开的时候，爸爸几乎没什么收获，妈妈却找到了很多白色闪亮的贝壳。一天就这样美好地开始了！

岩屋海滨的石堤

大滨海滩

我们又开了一个多小时车，来到了一个山顶上的城堡遗址。没想到，这个地方不要钱。我们兴奋地爬上山。"啊，就这！？"我惊呼。这个城堡比一个普通的房子还小！不过山上的风景真好，我看到山下有一大片海滩，多彩的海岸像我从没去过的夏威夷！

爸爸宣布，去海滩！我们开下山。得得发现爸爸把车停在了一个博物馆前，立刻抱怨起来。不过爸爸早就想了一个好主意：他和妈妈去看一会儿博物馆，而我和弟弟可以先去海滩上，幸福地玩！你可能会觉得这样不安全吧，其实日本除了宫岛上的鹿，真的很安全。事实证明，爸爸的方案很棒！我们在沙滩上挖沙洞，把脚埋在沙子里。浪把我们身上的沙子冲洗掉，我们就再往更深的地方挖。一会儿，爸爸妈妈就来了。他们一到

海滩上捡到的碎瓷片和风干的小鱼

沙滩上就立刻低着头找起贝壳来，结果又是妈妈找的贝壳最漂亮。她找到了一个像针一样尖尖的贝壳，但身上有螺旋的花纹，像城堡里的旋转楼梯，她甚至还找到了一条晒干了的小沙丁鱼呢。

妈妈还捡到一块儿弧形的小瓷片，上面有蓝色的花纹，像海的波浪。"这个可以当筷子垫儿！"我大叫。

爸爸说：

写景最难

旅行开始时，两个孩子对游记完全摸不着头脑，不知从何写起。

写景对孩子们来说是最难的。一个景点到下一个景点，容易写成流水账。地名都是新的，记不住，分不清，问来问去，浪费时

间。描写景物,肯定要用形容词;但孩子们形容词的词汇量本来就不多,而且形容词本身又往往太抽象,太俗套。说一个地方很"漂亮",可能没有说一个地方"山清水秀"好;但本质是一样,都缺乏孩子自己的感受,也就落入笼统虚泛,都容易空洞。要是让孩子们写写所到之处的历史、风土,那就更是强人所难了。

我跟他们说,不用管地名,也不用每个地方每个景点都写到,就写你们觉得好玩的事或者看到的好玩的东西,要是谁写的日记能把别人逗笑了,那就更好了。写景不好写的话,就写你们在那个景点里干了什么、说了什么;有了动作,有了声音,景物也能活了。最要小心的是不要写成一个名单、一个列表,先去了这儿,又去了那儿,最后还去了那儿。如果你提到了一个地方,我想看到你在那儿干了什么;如果你提到一个东西,我想知道它长什么样子,或者你当时看到它的时候的感觉——可长可短,但要真实。

旅途中,车马劳顿,晚上到了酒店,哪儿还有精力坐下来写日记?写,也是强打着精神,匆匆忙忙,难免成了完成任务,对付对付;但不写,很多细节,很多最该记下来的东西就忘了,很难找回那种现场感。

孩子们春游的日记,除了有几篇是回到神户后补写的以外,大多是在路上写的,很仓促,很单薄;但作为家长,我很高兴他们很听话,坚持写了。高高更是把他在学校学的东西用在了日记里,宫岛之后的几篇,开头、结尾往往都有自己的构思(比如写岩国时,开头是对爸爸对岩国的赞赏不屑一顾,结尾却是自己也觉得岩国很厉害)。花这样的心思,是因为他自己写的时候有乐趣;而当我们读完他的日记,发现了他的构思时,他更有一种特殊的得意。

这篇日记,高高对自己的开头很满意。我说,"结尾也很好,你就是从这次春游开始收集筷子垫儿的，看见什么都想变成筷子垫儿，结尾在这里有动感。另外你写了一个重复，第一次捡贝壳就是妈妈找的好，第二次又是妈妈找到了最美的贝壳，这种重复非常有意思。还有些细节很好玩，好玩是因为它很真实。比如，在洲本市的大滨海滩，爸爸妈妈一来就立刻撅着屁股低着头在沙滩上找起贝壳来了，却对大海视而不见，这与你们和海水嬉戏形成了好玩的对比。

"就改两个地方：一是你提到站在三熊山上向下看，看到了很美的海滩，到底怎么美，你得解释一下；二是妈妈最后找到的贝壳，你说是最美的，怎么美，你还得解释一下。"

对于第二个要求，状物，还算容易解决，螺旋的花纹让高高想起了城堡里的楼梯，这很好。但第一个要求，写景，他可犯了难。海岸线的鸟瞰，怎么形容？他试了几个形容词，都很空洞，想要用比喻句，又实在想不出来；只得写了一句这里的景色让他想起了夏威夷，而且是"从没去过的夏威夷"。我说这样也挺有意思，把你对夏威夷的渴望暗示了出来。

淡路岛是这次春假公路之旅的最后一站。晚上，我们在无人的加油站加油，又赶在饭馆关门前，走进了"八木食堂"。淡路岛中部的路边小店，菜品的丰富和新鲜，给了我们意外的惊喜。大家都觉得这顿晚餐是此行最好吃的一顿饭，而淡路岛更是大家一致认为最好玩的地方！

Part 3
疫情中的网课日常

生田公园看樱花

1 网课重新开始

得得 3月23日 周一 晴

Today was the first day of online learning after the spring break. At first, it was going pretty well until we took a look at our math *assignment*（作业）. It was to learn how to add and minus fraction with different decimals. But I just finished memorizing the timetable! To be honest, it was very difficult.

While I was eating dinner, a surprise came. It was postcards from my old schoolmates! But the bad news was that the letter I sent about two months ago was sent back to me. Actually this was not the first time that my letter was sent back. I was not sure if it would ever reach the U.S.!

The postcards from my old schoolmates were all in the shape of hearts, probably because they were for the Valentine's Day! The most frequently used sentence was "I miss you", which was not a surprise because that was the first thing that came to my mind when I wrote my letter to my class.

今天是春假后的第一天网课。刚开始时，一切都还好，可看到数学作业，我就傻了眼。今天要学的是分数加减法，而且还是分母不同的分数，而我才刚刚把小九九（九九乘法表）背下来！说真的，这可真是太难了！

晚饭的时候，来了个惊喜——以前在美国的小学同学给我寄的信，今天到了！也有个坏消息——我两个月前给他们寄的信给退了回来。这封信已经不是第一次被退回来了，我真不知道它到底还能不能寄到美国去！

同学给我寄来的信纸都是心的形状，可能都是情人节的卡片吧。大家写得最多的一句话是"我想你啦"，这也不奇怪，因为我给他们写信的时候，第一句想到的话也是"我想你啦"！

美国同学寄来的信　　　　　　给美国小学班主任寄明信片

爸爸说：

情人节的真谛

春假结束后，大部分学校都停课了，好在圣麦克斯学校还提供网课。虽然直播授课不多，但作业很多，而且作业都很有意思，孩子们做得都还算带劲。不过每天的生活都很重复，日记真的不好写了。

今天对得得来说很特别：他收到了美国的来信！信是2月14日情人节那天寄出来的，那天得得在美国的同学们每人给他写了一张表达想念之情的卡片，老师还给他写了一封长信。老师早就告诉我们信已经寄出来了，结果花了一个多月才寄到。得得一直盼着，今天终于收到了。赶巧的是，他给同学和老师的明信片又一次被退了回来，这之前已经被退了两次了，不知道为什么。

我跟得得说，这么重要的事，你总得记下来吧。

记倒是记了，但干巴巴的，完全看不出他当时拆开信封时的那股兴奋劲儿来。

我跟得得说，"你得把你的心情写下来啊，那才是最重要的。你收到自己被退回来的信的时候，你想什么？你打开老师和同学们寄给你的信时，你想什么？不能光说什么'高兴''失望'，要具体。

你当时怎么想的，就怎么写。"

得得立刻说他收到退信时，心想这封信到底还能不能寄出去了呀。我说这就可以，至少很真实。但轮到说看老师和同学给他的信时的心情，得得却除了"高兴"，再想不出来还有什么可写的了。我问他，有没有哪句话他印象最深，他说他们写的都差不多，都说"我想你啦"。不过说到这里，得得突然来了灵感，说知道自己要写什么了——他说他要写自己写的也是这句话。我说这太好了，这不就是情人节的真谛嘛！

❷ 安倍宣布全国进入新冠紧急状态

爸爸　4月10日　周五　晴

安倍宣布全国进入新冠紧急状态已经快一周了。李峥在家工作也快一周了，我的时间稍微多了一些。今天没事，出来透透气，去神户元町商业街买菜。

路上人少了一些，大多戴着口罩，元町冷清了不少，但店铺大多还开。

在鱼店看到一盆活墨鱼，水被染成黑色，墨鱼在黑水中柔软地翻动，变换色彩。挑了一只肥大的，触角比鱿鱼短了很多。店人帮我清理了内脏，去了皮，1300日元。又买了个大蚌和10个蛤蜊。会说英语的大姐认出了我，笑着说，"这下您可以和家人好好吃一顿了。"很暖心的话。

在菜摊买了8种蔬菜，有丹波春日部的小松菜、菠菜，淡路摩耶的"菜的花"和一种不知名的菜，叶子很大，还有淡路岛的新洋葱，五色角川的新笋，共1193日元。不仅种类丰富，产地明确，甚至连农户的名字都标明出来——原幸子种的洋葱，村田吉己的竹笋，很让我吃惊。

又买了和歌山的橘子和青森的苹果。

在"花见屋"买了和果子，有虾条和"浮世米果"。卖果子的是位老奶奶，旁边角落里有位很老很老的老爷爷，坐着吃自家的点心，口水不住地滴答下来。老奶奶给我包好了东西，又坐回到老者身边。这是家1939年创立的老店，本店就在这里，装修还是老样子，和墙上照片里的一样，只是创业的人已经老了。

神户游客中心的免费地图

神户港

3 樱花没什么了不起

高高　4月11日　周六　晴

看樱花

昨天，我告诉妈妈，爷爷想看我们站在樱花下面的照片。今天，我们为爷爷去找樱花。

幸亏妈妈跑步的时候路过了一个有很多樱花的地方，我们就去那儿。路上，我们经过一个神社，入口处有两个小鸟居，很可爱！过了神社就是可以看樱花的公园。想不到，这里不仅有樱花，还有滑梯。我先跑过去，得得慢吞吞地跟上来。

"哇！"公园的滑梯很奇特，是用石头做成大龙的样子，从地上凸起来。龙身上有两个滑梯，一大一小，都很好玩。我们玩了好多次。

我觉得樱花也没什么了不起。樱树已经开始长叶子了，要是没有叶子，只是花可能就更好看了。

爸爸说：

看樱花写成了玩滑梯

去新生田川边上的生田公园看樱花，孩子们也正好轮到用中文写日记，结果却把看樱花写成了玩儿滑梯。

是啊，赏花这种大人的活动，在孩子眼里难免有些莫名其妙，写赏花就更是一团雾水了。怎么想就怎么写吧，升华成某种精神，看出花影中折射出的某种文化，都不是孩子们该做的。强扭的瓜不甜，觉得"樱花也没什么了不起的"就没什么了不起的吧。而且，这句话写得挺有意思的。

水从六甲山流下来，一直流到大阪湾里。河岸经过了人工整治，一长溜的公园、绿化带和座椅；河底则铺了碎石，没有泥沙，水很清澈；两岸全是樱树，樱花垂在新生田川上，花瓣落在水面上，朝着大海的方向流去。想起松阴神社里，园丁大姐指着花骨朵说"樱花就要来了"时那份骄傲和喜悦。看到水边一对年轻情侣的背影，他们静静地坐在一大树粉红的樱花下，什么都没做。

生田公园离公寓楼不远，走路20分钟就到了。一路上，到处都是出来晒太阳的人，看不出"新冠紧急状态"的感觉。有家庭在草地上铺了毯子野餐，球场上全是打球的年轻人，沙坑边跪着老人，一丝不苟地用耙子梳理沙子，把里面的石块拣出来。孩子们发现海边的亭子里竟有一处"足汤"，美滋滋地脱了鞋袜，看着大海泡脚。旁边是家温泉浴室，还开着门。一家人全戴着口罩，拎着拖鞋和浴巾慢悠悠地走进去。浴室门口有人在卖和歌山的橘子和樱花馅儿的糯米饼。

疫情在改变世界，但身边的世界却又似乎一如既往。

❹ 天天待在家里写什么呀

I know I haven't written much lately. I have a reason: I have to stay home all the time and do boring stuff. Don't worry though, because today was different, not a boring day! Today we went to a park. Not a park with trees, but with water. "It is not going to rain" was what the weather forecast told us. So we did not take an umbrella. It was a treacherous walk. The sun was shining.

"Wow!" I shouted when we got there. A wide river flowed down the hill *elegantly*(优雅地). The water *glistened*(闪光)under the morning sun. "Beautiful!" Lines of rocks were laid across the river and the water rushed through the cracks of stones. Five minutes later, it started to rain. Luckily, the walk path along the river had lots of bridges over it. We could walk a few steps and then hide under a bridge and then walk again. Soon, it became sunny and beautiful. But then it started raining again and even harder.

We were tired, not knowing how much we had walked but knowing that we still had a long walk back home. The worst part was that Jake needed to go number two! But the good news was that it stopped raining, finally!

On the way to look for a restroom, we walked past a very small candy shop. Two big candy-shaped balloons caught our eyes. Immediately, Jake said that he could hold a little longer. So we walked into the shop. The old granny who owned it gave each of us a little plastic *bucket*(水桶)so that we could fill it up with sweet treats. We walked through the aisles of fascinating candies. They all looked very unique, different from anything we had seen in any other shops. I wasn't sure what to get, so I did not fill up my bucket. Jake did not buy much either.

As we continued our walk, we looked at the candies we bought. They looked so good! Jake said that suddenly he did not feel he needed to go number two anymore. So we went back to the candy shop again. This time we filled up our buckets with candies. My favorite was the ice cream shaped cracker, squishy, delicious and extra sweet. It tasted like nothing I have had before.

When we got home, I needed to go number two!

　　我知道最近我没怎么写日记。这是有理由的，我成天待在家里，干很无聊的事，没有什么可写呀。不过，不用担心——今天不一样，今天不无聊！今天我们去了一个公园，不是那种全是树的公园，而是有很多水的公园。天气预报说"今天不下雨"，所以我们没带伞。得走很长的路，一路上阳光明媚。

　　"哇！"到了公园，我不禁大叫。一条很宽的河优雅地从山上流下来，河水在清晨的阳光下闪着亮。河道中间铺着石块连成的路，水从石头缝间急速穿过。太美了！5分钟以后，下雨了。幸运的是，河边的步道上面有好多桥。我们走几步，就在桥下躲一会儿雨，然后再接着走。一会儿，太阳出来了，风和日丽；一会儿，又下起了雨，下得还更猛了。

　　我们都累了，不知道已经走了多远，但我们知道还要走很远才能到家。最大的问题是，得得憋不住了，要上厕所！不过也有好消息——雨终于停了！

　　就在找厕所的路上，我们经过了一家很小的糖果店。门前两个巨大的糖果形状的气球招牌吸引了我们的注意。得得立刻说他还能憋着，我们就进店了。店的主人是一位老奶奶，她给我们俩每人一个小塑料桶装糖果。我们走在一排排让人着迷的糖果之间，它们是那样特殊，和我们在所有别的商店里看到的都完

糖果店

全不同。我都想不好该买什么了,桶没装满,弟弟买的也不多。

我们一边继续走,一边看着我们买的糖果。它们看起来那么好!得得说他突然觉得不用去厕所了,所以我们又回到了那家糖果店。这次,我们把塑料桶都装满了。我的最爱是一种圆筒冰激凌形状的、绵软的、特别甜美的、好吃得惊人的甜点,它有一种我从没尝过的味道。

回到家的时候,我突然要上厕所!

诗人的糖

安倍宣布进入新冠紧急状态后,我们不敢坐公共交通了,到哪儿都是走着去走着回。步行神户让我们对这个城市有了新的感觉。

来神户前,读唐纳德·里奇(Donald Richie)的一本很有名的书《濑户内海》(*The Inland Sea*),正文开篇的第一段话上来就给我泼了一盆冷水。他说神户是东方和西方相撞的车祸现场,就像狮和虎的杂种,却既没有了狮子的牙也没有了老虎的爪。优雅的老酒馆消失了,金光闪闪的酒店挤走了神社和寺庙,银行占领了本该属于公园和绿地的空间。神户,这个又像洛杉矶又像马尼拉的城市,这个庞大、芜杂、未完成的城市,"预示着日本可悲的未来"。

虽然里奇写的是上个世纪70年代初的神户,而我们寄居的神户基本是1995年阪神淡路大地震后重建的新城,但最初住在神户三宫的日子的确让我常常想起里奇的感叹。三宫火车站四周的繁华嘈杂,如果不是店面招牌上的日文字样,真和同质化的现代都市没什么两样。每天出门都能看到家门口外"小野八幡神社"的路标,却看不到神社常见的红色鸟居和手水舍,直到有一天好奇地按着指示牌穿过一条狭窄的小路,才找到了不起眼的神殿。原来殿前的绿地被开发成了高档公寓,正盖楼呢。矮小的拜殿和本殿被遮蔽在浑

身上下裹着建筑罩布的高楼后面,像个受气的小孩。

疫情期间,几次长途步行,让我们看到了神户的另一面——更慢,更安静,更有人情味。不是每个城市都可以步行,更不是每个城市都值得步行;但走在神户的大街小巷、山山水水之中,不仅让我们和孩子一起爱上了这个暂居的地方,更让我们一起爱上了步行。

网课期间,偶尔的步行出游,让在家憋坏了的孩子们有了难得的放松,当然,也为他们写日记提供了难得的素材。

今天去都贺川公园,从我们住的中央区到东边的滩区,走了一个多小时。和生田川一样,都贺川从六甲山上流下来,一直流进大海,从山脚到入海口的很长一段水路修成了公园。也和生田川一样,河道的两侧和底面都做了硬化加固,没有泥沙,水很清,一眼能看见河底和水中的鱼。有年轻人在水边支起自带的桌椅工具烧烤,有老人带着孙儿孙女在水中嬉戏,有小姑娘扔下单车去追落在地上的鸽子。河两岸是狭长的石径,樱花败了,地上和水面上全是粉色的花瓣。

雨先是断断续续,然后越下越大。我们躲在桥洞里,雨过天晴后沿着河向海的方向走。有高大帅气的白鹭停在水中央,嘴里衔着小鱼。得得轻轻地靠近,但大鸟还是优雅地飞走了;不过并不飞远,只是换了一片水,又悠悠地落下来。

回家路上,走过大石南町的居民区,一栋日式小屋大门开着,窗前挂着一颗巨大的塑料糖果模型。往屋里看,很暗,但能看到摆满了各式各样的糖。门口没有招牌,我们没敢贸然闯入。正巧有位年轻的妈妈骑单车带小孩过来,小姑娘跳下车飞跑进去,一会儿就拿着一兜糖果美滋滋地跑了出来。

孩子们从来没有见过这样的糖果店——这样小,巴掌大的地方,

但塞满了糖和零食。我们也很兴奋,因为这样的糖果店似乎只存在在记忆里了。看店的老奶奶满头白发,看得出来后面就是她的住宅。墙上除了营业许可证,还挂着一张很大的奖状,写着"新秀诗人奖",旁边是装裱好的俳句。李峥用手语问老人是否就是这位诗人,她很自豪地点点头。新秀诗人为邻居小孩和我们这样误打误撞的客人们,打开自己家的门窗,在屋里摆好各式糖果,每份糖果只要10日元。或许买糖的孩子会给她创作的灵感,就像她开的这家糖果一样甜美的糖果店,给了高高、得得最美好的日记材料一样吧。

我对高高说,"这篇日记写得太好玩了。天气预报说是晴天,结果下了几乎一天的雨;雨刚停,弟弟却要急着找厕所,不过一看到卖糖的小店,又能憋住了;买完糖,走出来很远,觉得还没买够,是调头回去再买点儿,还是赶紧找厕所呢,弟弟及时表示自己突然没有要上厕所的感觉了,问题解决了;终于回到家,这回却轮到哥哥憋不住要上厕所了:一连串的意外转折,都很好笑。而让人会心一笑是因为它们都是真的,刚刚发生的。谢谢你为我们全家记下了这些好玩的点点滴滴,不记下来,很快就会找不到了。

"不过最让我意外的还不是这些好玩的细节,而是一些看起来好像不重要、不好玩的细节。比如,开头写完了我们听天气预报的话,没有带伞,紧接着加了一句说大家走了很长的路,路上都是阳光灿烂,这就为后来雨中的狼狈做了铺垫。没有这句话也不是不可以,也还有突然下雨带来的意外感;但多了这一句,就把意外向后'拖'了一下,吊了一下胃口。再比如,下一段,好不容易走到公园,还没玩几分钟,就下雨了;但你并没有直接这样写,而是加了几句对都贺川的描写,又一次把意外'拖'了一下,又吊了读者的胃口。这样,等雨真下起来的时候,雨点才更显得突然,咱们的失望和狼狈也才更生动。能这样写,说明你没有过于着急地把底牌亮出来,而是懂得铺垫的重要。不着急也是因为你已经想好了全文要怎样写,所以开头的时候才能做到不慌不忙。

"但写到糖果店的时候,我觉得,你还是着急了,你太想赶快写你觉得最好玩的部分了。这在所难免,不过,到了最关键的部分,就更不能着急,要慢慢写才能写好。比如你说路过了糖果店,得得立刻说自己还能憋着,不用去厕所。这里就需要解释:到底是你和得得看见了什么,让他觉得有比上厕所更重要、更紧急的事要做?如果只是一家普通的便利店,里面也有卖巧克力糖的,你们的反应会是一样的吗?"

天底下糖最好吃

孩子们抵抗不住糖果的诱惑,没等回到家,就开始走走停停,换着样的品尝。这些糖果竟然和超市里卖的都不一样,每一种的口味和口感也各有差别。它们来自日本各地,长野县的饭田市,岐阜县的岐阜市,也有东京、大阪、名古屋。大家说离开神户前一定要再来一趟,但后来匆忙,并没有回来。走过的大大小小的城市,也再没有碰到一家"新秀诗人"开的糖果店了。

5 换种方法记日记

高高　5月8日　周五　晴　&5月16日　周六　雨

今天是退潮日，我赶快爬进一个石头缝躲起来。不知怎么，肚子发出咕噜咕噜的声音，我只得又从石头缝里爬出来，寻找好吃的。接着，我立刻就找到好些海草。

突然，一只大手抓住了我背上的壳，我赶紧钻回壳里。在壳里，我听见一句刺耳的话："妈妈，看这个！"接着，我感觉我的身体晃动起来，然后我飞了起来。

吸在石头上的螃蟹

10分钟以后，我再次感到了水，我的身边全是水。我慢慢探出头来，发现旁边都是和我一样的种类。我一直往前爬，直到撞到一面透明的墙上。真奇怪！我拐弯往左爬，可一会儿又撞到了透明的东西。我知道我回不去大海了，赶快找了一块大石头躲起来。

突然，我身上的石头被抬了起来。我快速地爬到另一块石头底下，挖了一个坑。我钻进自己挖的坑里，这里又大又舒服。我很满意。

突然，我的新家开始晃动起来。一只小螃蟹喊："地震啦！"我急忙缩进我的壳里，等地震结束。一分钟以后，地震停了。我从壳里探出头，外面黑黑的，什么都看不见，我哪儿也去不了。我感觉特别困，慢慢地睡着了。

天亮了，我醒了。又一次地震发生了，我再次缩进壳里。

有一天，我觉得我的壳太小了，突然一个空壳掉在我面前。我摸了摸，觉得这个壳还行，够大，于是我慢慢爬进了我的新壳里。

我一天到晚来来回回地爬，很没劲。有的时候，我还是会去撞那面透明的墙，想把它撞开。我使劲往墙上冲，墙没被我撞破，可我的头被撞晕了。每次撞完，我都很气愤！

得得 5月8日 周五 晴

今天，一只特别大的手把我抓了起来。不久，我就到了一个新的家。新家很热，但是一会儿，那只手把我放到了一个特别凉快的地方，然后门一关，灯就没了，很黑。

我爬到一块有很多沙子的地方，把自己埋在沙子里。

过了几天，来了好几只新的螃蟹，其中有一只是棕色的，他也喜欢挖沙子。不过他不是我的朋友，因为他想打我。但我和另一只新来的寄居蟹成了好朋友。我的壳是绿色的，他的是白色的。不一会儿我们就把自己埋到了沙子里。棕色的螃蟹打不着我了。

爸爸说：

如果我是寄居蟹

网课期间，大家的日记都写得少了，毕竟每天都很重复，兴奋点少。不过，学校老师给孩子们布置的作业，为我们提供了新的思路。这个星期，老师的英语作业是让孩子们把自己想象成小说里的人物，根据小说的情节，用第一人称写一段故事。

这样的训练不仅好玩，还很有用。

日记已经没得可写了，正好最近孩子们抓到了好几只寄居蟹。如果寄居蟹写日记，它会怎么写呢？

可能是因为有趣，这篇中文日记高高写了好几天，写得比往常的都要长。我能感到他真的是把自己想象成了一只被抓住了的寄居蟹，主人对它很好，见它的壳小了，还特意找来大贝壳给他换，但它还是一次次用头撞着透明的玻璃墙。得得写得很简单，不像高高的寄居蟹那样渴望自由，那样忧郁，似乎更随遇而安一些，找到了朋友就很高兴。两个孩子写了两只不同性格的寄居蟹，这很好！

6 五月的黄金周

 高高　5月9日　周六　阴

A crab! My hands *swooped*（向下猛冲）into action as I lifted up a rock on the Maiko Beach. I got hold of the crab but it held tightly onto the rock. Oops! I ripped off one of his pincers. The worst part is that I lost the crab. I saw it dash under a bigger rock. I had to be more careful, I thought. I called my brother over and asked him to lift the big rock with me. "1, 2, 3, lift!" It took us three mighty pulls to tilt the rock. Sadly it was not possible to lift it up completely, because it was jammed. So I had to force my brother to hold the tilted rock and I *peeked*（窥视）in. But I only saw snails and some small hermit crabs. I felt so bad. But I told myself, "If there is one crab, there will be another!" I set off on a quest for crabs. I promised myself that if I didn't catch a crab today, I would stay here until I died. So I zipped into action. I bent over, butt sticking up and eyes down. I saw a ginormous rock that had a big crack at the bottom, which formed a perfect deep tidal pool for crabs. I first looked around the tidal pool to see if there were any crabs basking in the sun. There were none. Then I lifted up a decent-sized rock in the pool. I did it very slowly because a crab might be frightened and run out at any time.

"Jake, come here!" I had caught the biggest crab in my life. Sadly it only had 5 legs, 3 on one side and 2 on the other, and only one pincher. But that did not stop me from being worked up! I ran back to my parents. They had finished their lunch and were bending down searching for shells. They took a look at the pitiful creature and ordered me to take it back to the water immediately.

舞子海滩

螃蟹！我掀起舞子海滩上的一块礁石，双手立刻猛扑了上去。我抓住了螃蟹，但它死死地拽住了礁石。哎呀！我撕掉了它的一只钳子。更糟糕的是，螃蟹还跑了。我看见它冲到一块更大的礁石下面去了。我心想，下次我可得更小心点儿啦。我把弟弟叫过来，让他跟我一起搬这块大石头。"一二三，使劲！"我们用尽全力推了三次，才让这块礁石倾斜了一点儿。石块在什么地方卡住了，我们实在搬不动。我只得强迫弟弟拉住了倾斜的石块，我往底下瞥了一眼，只有蜗牛和小寄居蟹。糟糕！但就在这时，我跟自己说，"既然有一只螃蟹，肯定就会有第二只！"我已经踏上了寻找螃蟹的征程。我向自己保证，找不到螃蟹，我死也不回家！"唰"的一下，我立刻开始了行动，弯下腰，屁股撅在上面，双眼盯着地下。我发现一块巨大的礁石，底部的大裂缝形成了完美的潮汐池，螃蟹最喜欢这样的地方。我先观察了潮汐池的四周，看有没有螃蟹爬出来晒太阳，结果什么都没发现。然后我慢慢地掀起水池中一块不大不小的石头，很慢是因为随时可能会有受到惊吓的螃蟹突然窜出来。

"得得，快过来！"我抓到了我这辈子抓到的最大的螃蟹！可惜的是，它只剩下了五条腿（一边有三条，另一边只有两条）和一只蟹钳。不过这并没能影响我的激动，我跑回到父母面前。他们已经吃完了午餐，正弯着腰捡贝壳呢。他们抬头看了一眼这个可怜的小东西，命令我立刻把它放回到海里。

放归大海

好的动词比什么都重要

神户城里没有海滩，幸运的是，美丽的舞子海滩就在城边。疫情期间，几乎每个周末都带孩子们去；每次去，孩子们都不想回家。

5月的黄金周，哪儿都去不了，所以又去了舞子。经过须磨海滩的时候，沙滩上全是小孩和锻炼身体的人，舞子却几乎没人。明石大桥西边有明石藩舞子台场迹，是幕府末年播磨国明石末代藩主松平庆宪修的海防炮台，与明石海峡对面淡路岛上的松帆台相对，一起扼住了濑户内海的咽喉。不过除了一段石垣，什么都没留下，只有三把石凳做成了炮筒的模样。孩子们看到炮台下面的礁石和沙滩，立刻跑了下去。

没什么人，只看见一位中年男子，一直抱着狗站在海里，很奇怪地一次次拉着狗的前肢从水里往岸边走。走近些才看出来，狗的后肢已经残了。不知男人是在帮狗做康复运动，还是只是和宠物游戏，也可能从海水中跑回岸上，曾是他们共同的美好记忆吧。休息的时候，狗绵软地趴在沙上，男人站在水里，冲着明石大桥伸展双臂，狗侧头看着主人，眼神迷离。孩子们在一旁翻开礁石捉着螃蟹。那时的画面，大桥，阳光下蓝得发绿的海，十字架一般张开手臂的男人，沙滩上的狗，还有弯着腰只能看见下半身背影的高高、得得，永远定格在我的脑海里。

孩子们已经捉过好多次小螃蟹了，也写过好几次日记了；但常常是流水账似地记下捉到了几只以及它们的品种，实在有些疲沓了。所以这次我跟哥俩儿说，不用写开头，也不用写结尾，不用写咱们怎么去的，都干了什么，甚至连总共捉到了几只都不用写——就写一个片段，就写你们怎么抓小螃蟹的。我希望你们能慢下来，不要着急交代结果，不要一下子就说我们到了海滩，翻起石头，抓

到了螃蟹，而要把捉的过程一步步地写清楚，写得越细越好。

这个要求对得得来说可能有些太难了，不过高高写得不错。从找到的第一只螃蟹弄丢了开始，再到抓到更大的螃蟹，虽然大螃蟹不太完美，缺胳膊短腿，但这也不妨碍他拿着战利品向父母炫耀。短短一段描述里有起承转合，有变化的心情，这样文章就能好看一些。不过，我跟孩子们说，爸爸最喜欢的是哥哥用的动词。用什么样的动词去描绘什么样的动作，哥哥是用了心的。说双手"猛扑"过去，肯定就比用"抓"显得生猛；说螃蟹看到了逃生的一线希望，"冲"进石头缝里，自然要比"跑"、比"爬"要形象；说自己聚精会神地找螃蟹时，屁股朝上眼睛朝下，也很生动。好的动词不仅描述了动作，更暗示了心情。

7 第一次写有趣的诗

 高高 5月13日 周三 晴

A Little Brook	小溪
Choked with	被荆棘
Brambles	呛得窒息
Twisting deeper	在树林中
Into trees	蜿蜒，越来越深
I heard a church bell	我听见教堂的钟声
I checked my watch	看看手表
Twelve noon	正午十二点

Late summer	晚夏
Feathery nettles	羽毛一样的荨麻
Stinging my ankles	正叮着我的脚踝

My Brain　　　　　　　　　　　我的脑子

Felt too fuzzy	感觉神志模糊
Felt so cold	感觉很冷
The fire dead, just bright specks	火已经死了，就剩下灰散发着点点亮光
Of ash	
I shoved another log and jabbed it in	我推来一根木头，塞了进去
Little flames danced up	小火苗跳起了舞
I told myself	我跟自己说
DON'T BE STUPID	别干傻事！

Broken Boxes　　　　　　　　　破盒子

There was the skylight	这里有天窗
Caked in grime	裹满了厚厚的污垢
There was the big bike	这里有辆高大的自行车
With a basket on the front	车头有筐
Towers of faded newspapers	褪色的报纸堆成了塔
Stuff I'd forgotten	被遗忘的东西
From broken boxes	在破盒子里
Scattered	散乱得
Like floating people	像漂浮着的人

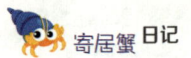

 **爸爸说：**

涂掉一些字，剩下的词句居然就是诗

这天，老师给高高和他的同学们布置了一项有趣的作业，写"停电诗"（blackout poem）：找一页书，在这页纸上，随意挑选自己喜欢的词句，重新安排顺序，组合成诗。这就仿佛是突然停电了（blackout），灯光最后照亮的几个字留在脑海里，周围一片漆黑，只剩下那几个互不相关的词句还亮着，转动起来，排成行，变成了诗（poem）。老师让把不要的字涂掉，用剩下的词句重写成诗，所以姑且称为"涂写诗"吧。

这是高高第一次做这样的作业，也是我第一次听说这样的诗，很佩服最先想到这个点子的诗人，也很高兴老师留这样的作业。

高高的班正在读露丝·伊斯特汉姆（Ruth Eastham）二战题材的小说《信鸽》（*The Messenger Bird*）。老师从这本书里挑了几页，发给所有上网课的学生们，让大家从这几页书里挑词写诗。老师先以身作则，她的诗《危险》只有四句话：

Danger

I didn't notice	我没注意到
The bonfire	那团篝火
The flames	火苗子
Grinning	正咧着嘴笑

学生们憋在各自的家里，照猫画虎。

《信鸽》本来就是关于战争的小说，挑出的几页又都颇为惊险沉重，用里面现成的词句，高高写了这三首灰暗的诗。不管是所用的形象、词汇，还是句子的结构以及背后隐含的情绪，都不属于他。他不会想到小溪会被荆棘"呛得窒息"，他没见过满身污垢的

天窗是什么样子，他不会去留意火熄灭后灰还会有亮光，他甚至不知道那些常见的小草叫荨麻（因为他爸爸也不知道）——毛茸茸的叶子是它的羽毛，还会像小虫一样叮人，这些都是年轻有为的作家露丝的创造。但要是让孩子读这些词句，他能读懂，即使不全懂，他也能去想象。老师的作业给了孩子们一个机会，让他们把这些自己可能想不到的形象和写不出的词句，像玩乐高积木一样，拼接组合，享受其中的乐趣。有乐趣，是因为孩子在摆弄这些陌生的词汇和高深的语句时，仿佛真的成了它们的主人；有乐趣，是因为孩子的确变成了这些诗的主人。

虽然是作业，不是日记，但值得在日记本上记下来。

❽ 松本先生

高高　5月16日　周六　雨

"Come on, we're going to be late!" Jake *hollered*（大叫）. He always wants to be early and I could tell he was worried today. Because of COVID-19 we would walk to our violin class instead of taking the train as from today.

When we started the journey, it started to rain. This worried my brother even more. I dashed back into our apartment and *zoomed*（疾行）out with raincoats. We walked through Motomachi and then to Kobe Station.

When we saw the big bike parking lot, we jumped up and down. We recognized the bike racks and immediately knew where to go next. Jake looked at his watch and cried, "We are going to be late!" Jake sped past us and we hurried to catch up.

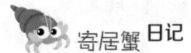

We stopped in front of the apartment building called Lion's Gate, shook off the water on our raincoats, and walked in.

"Did you guys walk here?" Matsumoto Sensei (Sensei means teacher in Japanese) asked, *astonished*（惊讶的）. "Where did you walk from?"

"Sannomiya."

A surprised look was on his face. I guessed he was surprised at how far we had traveled.

As we took off our raincoats, Sensei said, "Easton, you grow taller again!"

He always says this every time we come here for violin lesson.

The practice began with *scale*（音阶）, then an *etude*（练习曲）, and then the main song (I was playing Vivaldi). We practiced tone and sound. When I made a mistake, Matsumoto Sensei would patiently show me what I played wrong. Then I would say "はい", meaning "OK." He told me that my "はい" sounded really good. Japanese students usually say "はいい" (dragging the "い" sound really long). But I said it really fast and therefore sounded *enthusiastic*（积极的）.

After we finished, Jake and I bowed to Matsumoto Sensei and he bowed to us too.

I love our teacher, Matsumoto Sensei.

It was still raining cats and dogs. The wind was howling and my fingers were freezing. We fought the wind as we walked back home. Today was a great and horrible day.

"快点儿，我们要迟到啦！"得得大喊。今天我们要去上小提琴课，得得每次都想早点儿到。我知道他很担心迟到。由于疫情，今天我们不坐火车，得走着去。

刚出门,就开始下雨,这让弟弟更担心了。我飞奔回公寓,拿着雨衣又飞奔出来。我们穿过元町区,一直走到神户火车站。

当我们看到车站外面一大片存自行车的地方后,我们高兴得上蹿下跳。我们认识那些自行车架子,后面的路我们自己知道怎么走。得得看了一眼手表,大叫,"我们要迟到啦!"他加快脚步,超过了我们,我们只得也加快脚步,追上他。

走到一座名叫"狮门"的公寓楼前,我们停了下来,甩掉雨衣上的水,走了进去。

"你们是走过来的吗?"松本先生(日语里"先生"就是老师的意思)吃惊地问,"你们是从哪儿走过来的呀?"

"从三宫火车站。"

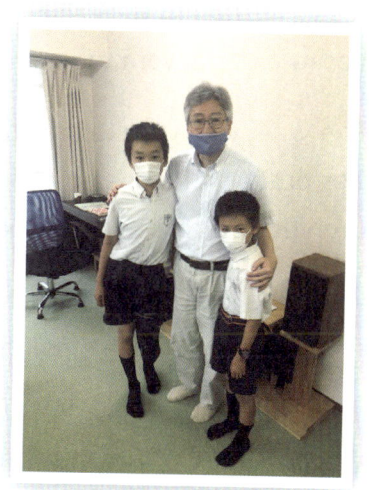

松本先生

他一脸吃惊的表情。我猜,他是吃惊我们走了这么远的路。

我们脱下雨衣,松本先生说,"高高,你又长高了!"

我们每次来这里上课,他都会这样说。

练习开始了,先是音阶,然后是一首练习曲,最后是最主要的曲子(维瓦尔第的)。我们练了音色和音调。

每次我拉错的时候,松本先生都会耐心地给我演示我错在哪儿,然后我就会说,"好的!"先生说我的"好的"说得特别好听。日本学生常常把"好的"的"的"拉得特别长,而我的"好的"说得很清脆,所以感觉很积极。

练完了,我和弟弟向松本先生鞠了躬,松本先生也向我们鞠躬。

我爱我的老师,松本先生。

外面还是瓢泼大雨,风在嚎叫,我的手指都要冻僵了。我们顶着风走回了家。今天是又好又糟糕的一天。

得得　5月16日　周六　雨

Today we had to walk to our violin class. We did not want to take the train because there were too many people.

The walk was very long. We had to walk through Motomachi. I guess it was pretty weird seeing a person carrying a violin case on his back because everybody that we passed looked at us.

When we saw our teacher, he greeted us with "You got taller, Easton"! He always greets us with a polite comment.

I love my sensei because he is nice, polite and gives good suggestions. He always follows exactly what the music says. My other teachers often change the music. I love my teacher because he stands out.

　　今天我们得走着去上小提琴课。我们不想坐火车去，因为车上人太多了。

　　走了很久，我们得穿过整个元町区。路上，所有人都在看我们。我猜是我们背着小提琴穿过元町商业区，肯定看起来很奇怪吧。

　　我们见到老师的时候，老师对哥哥说，"你又长高了，高高！"他每次都会这样友善地欢迎我们。我爱我的老师，因为他特别和善，有礼貌，还总给我们好的建议。他每次都严格按着练习册上的乐谱练习，不像别的老师，他们常常不按乐谱练。我爱我的老师，因为他与众不同。

爸爸说：

写人最怕抽象

孩子们练小提琴，学的是铃木小提琴教材，需要找专门的老师。正巧学校里的音乐老师斯塔克豪斯女士认识松本先生，便把我们介绍给了他。松本先生是铃木教学法的创立者铃木镇一先生的学生，在神户地区教小提琴已经教了30多年。能找到这样的老师，我们都觉得很幸运，孩子们知道是要和铃木先生的学生学习铃木小提琴，也都很兴奋。

松本先生住在神户西边的明石市，在神户火车站旁的一处公寓楼里有自己的工作室。从我们住的地方坐火车，两站地，走路将近3公里。疫情开始后，每次都是李峥带着他们走去上课，穿过半个神户市中心。

我跟孩子们说，你们都喜欢松本老师，对吗？总该有一篇日记写写你们的小提琴老师吧？写写你们是怎样和他学习的。

写了这么久日记，还没有专门写人的，孩子们都不太会写。他们都想写出老师的好来，但都写得不具体，把老师的形象藏在了几个司空见惯的形容词后面，就像得得的日记写的这样。哥哥的比弟弟长一点，但写得也不理想。

这篇日记，我没有让得得改。他还太小，写人对他来说难度有些大。但我让高高彻底重新写了一遍。

我跟高高说，"首先，你要把它当成一篇日记来写。你不用把你知道的所有关于松本老师的事都写出来，你不是要写一个报告，不用做一个跟松本老师学琴的总结。从怎么去上课开始写，一直到上完了课怎么回的家，一步一步地写，不用面面俱到，只写你觉得有意思的细节。"

高高还是一脸疑惑，练琴就是练呗，有什么可写的呢？

我问他:"老师见了你说了什么,你是怎么回应的?练琴的顺序是什么?练琴的过程里老师说了什么,有什么特殊的动作,特殊的神情?你把这些都写出来以后,老师的形象才能具体;而且你把这些都写出来以后,你对老师的态度,不用说也能看出来。这次,你不要用形容词来描写你的老师如何如何好,你不是评委,老师不用你给打分。你只需要具体地把这次小提琴课上发生了什么写出来,就可以了。"

高高改后的日记比他第一次写得好了很多。开头得得着急的劲头抓得很有趣,同时也暗示了孩子们都期待去上课,而不是怕上课或是不愿意去;和老师见面后的对话,很真实,也表现了老师的和蔼可亲;练琴的过程中,关于高高说"好的"的对话,很具体,也说明了上课的气氛很轻松,老师很善于鼓励学生;下课了,学生对老师鞠躬是应该的,可松本先生也向两个孩子鞠躬,这是孩子们没想到的,所以记下来很重要。这样的细节如果能再多一些,当然就更好了。就是靠这些似乎平常的细节,一堂轻松愉快的琴课才不再只是个抽象的概念,而是有了具体的声音和动作。

写人最怕抽象,用再多看起来很漂亮的形容词,也写不出一个真的人来——那只是一张照片,一份简历,一句广告。只有有了声音,有了动作,有了神情,只有具体到特定的时间和空间,才能写出一个具体的人。也正是因为这样,记日记对写人来说恰好是个很好的训练。

Part 4
紧急状态解除啦！

西宫贝类馆入口处的贝壳墙

1 赤穗抓章鱼

得得　5月24日　周日　晴

（改前）
We went to a place where we caught a lot of shrimp and an octopus! Easton first spotted it in a big tidal pool. He went to get Dad and shortly Dad came. The octopus's yellow eyes were showing but its body was hidden in the hole. Dad threw his hand at the octopus. It kept on *ejecting*（喷射）ink. Finally my dad dragged it out. YES! I shouted. I've never thought we would catch our first octopus when I am eight!

　　我们去了一个地方。在那儿，我们找到了好多只小虾，还有一只章鱼！是高高最先在一个很大的潮汐池里发现了它。他去找爸爸，一会儿，爸爸来了。章鱼的黄眼睛露出来，身体却藏在一个洞里。爸爸伸手去抓，但章鱼一直在喷墨汁。终于，爸爸把它给拽了出来。太好啦！我大叫。我从没想过我8岁的时候会抓到我们的第一只章鱼！

赤穗城遗址

（改后）

"I think I see something weird," called Easton. As we approached it, a gush of ink darkened the water.

At first I was confused. "No, it cannot be…" I thought.

"Octopus!" Easton yelled.

The octopus's yellow eyes were showing but its body was hidden in the hole. It kept on changing its color, as if it could never make up its mind. Blue, yellow, then white. Easton got into the water and tried to catch the octopus. After a few tries, he jumped out of the water, covered in ink. Just as I was about to get into the water, Easton said, "Stop! We need Dad to do it!" So off he went to get Dad.

After a "short" time that felt really long, they were back. My dad sprang into action. Swish, swoosh! We got our first octopus!

I've never thought we would catch our first octopus when I am eight!

"我觉得我好像看见了什么奇怪的东西。"高高喊。就在我们向这个奇怪的东西靠近时，一股墨汁突然染黑了整个潮汐池。

我有点糊涂了。"不会是那什么吧……"我心想。

"是章鱼！"高高大叫。

章鱼的眼睛露出来，身体却藏在一个洞里。它不停变换颜色，仿佛自己也下不了决心到底变成哪种颜色好，蓝色，黄色，然后又成了白色。高高下水了，想去抓它。试了几次，无功而返后，他从水里跳了出来，身上沾满了墨汁。就在我正要下水的时候，高高说，"别去了！咱们得叫爸爸来抓。"说着就跑去找爸爸了。

抓到一只变色小章鱼

过了一会儿（感觉很久），他们回来了。爸爸立刻行动起来，**哗啦啦，扑通通**，我们抓到了我们的第一只章鱼！

我从没想过我8岁的时候会抓到我们的第一只章鱼！

这次，哥哥得向弟弟学习了

去赤穗，是因为在日本铁路公司（JR）的火车上看到了关于"47浪人"的广告；知道"47浪人"，是因为看过沟口健二1941年的电影《元禄忠臣藏》。赤穗和神户同在兵库县，疫情紧急状态期间，不能出县，但县内还可以走动；所以周末就去赤穗，不仅是历史小镇，还有海滨公园，大人小孩各得其所。

很大一片公园，就在濑户内海边，除了个别游乐设施收费外，全部免费。孩子们最爱玩的是"变种自行车"，各式各样的变异自行车，足有四五十种。最特别的是一种没有脚蹬子，需要用屁股上下压着才能动的自行车。孩子们不会骑，又语言不通，是位戴着白手套的管理员爷爷手把手教会的。

中午去了赤穗城遗址，一边是千种川，一边是濑户内海，海船可以直接开进城。赤穗城自1648年起历经13年建成，由当时著名的军事学者山鹿素行设计。城可攻可守，是日本少见的"变形轮廓式海岸平城"。只可惜，明治初年废藩设县时城毁掉了，天守阁只剩下了个台基，别的就只有些地砖了。列入"国家指定名胜"的本丸庭院更是寒酸，很小的池塘，几棵新栽的树。1928年时，这里成了赤穗中学，这几年搞旅游，才把学校搬走。正午时分，阳光灿烂，风吹草动，山鹿素行的铜像隐藏在二丸城门下的绿树丛中。远处是为

江户首屈一指的武士义臣、47浪人的领袖大石良雄修的大石神社，飘逸的旗帜上有红笔写成的"大愿成就"的字样。门口巨大的木雕财神刻成了大肚弥勒佛的模样。

孩子们已经等不及了，催我带他们去许诺过的海滩。福浦海滩在一片峭壁下面，海边修有长长的步道。有人在散步，有人在钓鱼，有人在呆呆地看着海中的群岛，还有很多孩子拎着塑料桶在潮汐池里抓螃蟹，很日本的景象。就在几家有着"对鸥馆""吞海楼"这样美丽名字的民宿下面，孩子们抓到了章鱼！

日记里，孩子们老老实实地记下了一天的行程，到了抓章鱼这让他们最喜出望外的时刻，却仿佛已经有气无力，匆匆忙忙地交代了过程，便草草结束了。

后来，我让得得自己读这段抓章鱼的描述，然后跟他说，"爸爸最喜欢的一句话是'章鱼的黄眼睛露出来，身体却藏在一个洞里'，因为这句话不是简单的交代，而是有你自己的观察。'章鱼害怕得把整个身体藏在黑洞里，只能看见一对警惕的黄眼睛'，这里不仅有描写，还暗示出了章鱼的心情。不过剩下的，实在太简单，太直截了当了。我知道你现在能比那时写得好得多了。从那时到现在，你看了那么多好玩的小说，那你能不能重写"抓章鱼"，也把它写好玩些？试试重写一下，有对话，用好的动词。"

得得一会儿就写好了，新写的这段很出乎我的意料。他学会了高高常用的方法，用哥哥说的一句有些神秘的话开篇，一下子有了现场感。有些动词的表达也是从哥哥那里直接拿过来的，比如"Dad sprang into action"，这些都不是我特意教他的。每次全家一起坐下来分享日记，然后互相评论，夸哥哥写得好的地方，弟弟都听到了心里。这次重写，便有意识地用了。

不过有些表达却是我完全没有想到的，比如章鱼为了躲避敌人而变换身体的颜色，得得说它好像自己拿不定主意一样。这种从被描述的对象的角度来思考的方式，对得得来说，是个飞跃。再比如他说哥俩儿靠近"那个奇怪的东西"时，"一股墨汁突然染黑了整个潮汐池"，这就比说"章鱼突然喷出了墨汁，把水染黑了"要好得多，因为它保持了一种神秘感。另外，写到高高试了几次无功而返时，得得加了一笔说哥哥"身上沾满了墨汁"，这是很形象的细节，而且又和前面那股墨汁对应起来，这样的补笔挺难得。得得自己最得意的是他用了拟声词"哗啦啦，扑通通"，然后爸爸就抓住了章鱼，这很有动作感。把声音写到日记里，是我对两个孩子一直的要求，不过用这样的拟声词，却不是我教的。这几处值得表扬的描写，都不是我教的，而是得得自己看小说时不知不觉地学来的。这次，哥哥有该向弟弟学习的东西了。

赤穗城大手门外有卖当地点心的"巴屋本铺"，赤穗的海盐号称日本第一，据说有1800多年的历史，点心也以"盐味馒头"最著名。那天回神户的路上，大家都饿了，打开买来的盐味馒头吃。包装盒上是47浪人的卡通形象，两旁写着"素材吟味，古来制法"。打开盒子，小巧的点心上附着赤穗义士大石良雄临终就义前的辞世诗，"啊哈真开心，舍身取义了心愿，浮世月上无悬云。"

赤穗的"馒头"，红豆沙馅儿，淡淡的海的咸味。一向对日式点心不感冒的得得竟然很爱吃。

② 奈良的鹿

It was just a peaceful day when we started off our trip to Nara, Japan's old capital. On the train my dad told me there would be a lot of wild deer. Legend has it that they are "God's messengers". When we got off the train, it still felt very peaceful. Everything was peaceful until we decided to buy food to feed the "God's messengers". They started to attack and *ambush*（伏击）us immediately! My dad had the food and he threw a lot of my food to the deer! We fled in defeat.

After we got to the safety zone, Dad told us that right now we would go to a UNESCO World Heritage Site: the biggest wooden ancient temple that was still standing! As we walked to the Todaiji Temple, we got a little hungry, so we found a place to eat the bread we brought with us. Then do you know what happened? They came to us! The deer! This time we had learned our lesson. We hurried away whenever they came close. We kept on moving until we saw a giant wooden gate. Dad said even this gate welcoming us to the biggest wooden structure was part of the World Heritage Site. It was very large. On each side, there was Heng and Ha. The biggest thing on earth made with wood was much bigger than the gate. Right in front of the big hall was the one and only bronze lamp. I noticed that there were no deer inside the gate, probably because Heng and Ha didn't allow them to come in. Thank you, Heng and Ha.

Escaping from the deer, we climbed up a mountain and then ran down a long staircase. My brother and I raced. Even though he won, I was still really happy. After a pretty long walk, we saw a green hill. Dad said that every year people here burned the whole hill up to let new grass grow. Hence the hill was green. While we were debating whether we should climb the hill, we saw an ice cream shop. So we hurried over there instead. I thought

it was pretty worth it because we got to try a flavor that we never had before: rice wine flavored ice cream! Dad loved it. He said it was one of his favorites!

As we were eating ice cream, we saw another place down the hill that sold shaved ice. And we could sit outside by a river in the forest! So we kept on eating frozen treats! After a short argument, we chose milk-flavored shaved ice. As we just started eating, Easton realized that he did not like the flavor, so it was only for my parents and me. Soon, I got a big brain freeze from too much shaved ice. So then it was only up to my parents to finish it.

After eating the shaved ice, we went to another temple. It was a dark and gloomy place. The only light came from the little candles inside. We were not sure whether it was worth paying for the tickets and going in. So we sent Dad in first to see if it was good. Dad gave us the big thumbs up. So we all went in. It turned out that it was really great! There were lots of statues, each representing a different *deity*（神）. But then we saw the things that made the whole temple fun for us: the incense sticks. They were sold for 30 yen each. So we bought two incense sticks with our "spare money". Only one for each. We first tried to light it with a lighter but we couldn't because the lighter was broken, so I came up with a good idea: we lit up the incense with another incense. It worked! But before we put them onto the incense holder, we had to have some fun. The room was dark. The incense was the only light. We kept on waving it around to see what there was in the room.

Today was a great day.

　　日本古都奈良之行开始时，一切平静安详。火车上，爸爸告诉我说奈良有很多野鹿，据说，它们是神的信使。下了车，一切也还平静。但就在我们决定买鹿食喂这些"神的信使"的时候，平静和安详一下子打破了。它们或直接进攻，或埋伏在角落伺机而动。鹿饼都在爸爸手里，他把我那份都扔给了它们。我们落荒而逃。

等我们逃到了安全地带，爸爸告诉我们现在要去一处列入了联合国教科文组织世界遗产的地方：世界上最大的木构古寺，东大寺！在去古寺的途中，大家都觉得有点儿饿，就找地方坐下吃带来的面包。然后，你知道发生了什么吗？它们又来啦！那些鹿！不过这次我

春天奈良的鹿

们可是吃一堑长一智了。它们只要一靠近，我们就赶快跑，一直跑到了东大寺的山门。爸爸说，就连这个大木门都是世界遗产的一部分。它开着门，迎接我们去看后面那个世界上最大的木构建筑。山门真的太大了，两侧各站着哼哈二将。不过那个地球上最大的木头修的家伙比这个山门可还要大得多，大殿前面立着世界上独一无二的铜灯。我发现过了山门就没有野鹿了，可能是因为哼哈二将不让它们进来吧。多谢了，哼和哈！

远离野鹿，我们爬上了山，又跑下一条特别长的台阶。我和哥哥赛

奈良东大寺的"哈"将

跑。虽然他赢了，我还是很高兴。之后，走了很久，我们看见了一座绿色的山。爸爸说每年这里的人都会烧山，好让新草长出来，所以我们看到的山整个是绿色的。爬不爬这座山呢？就在犹豫不定的时候，我们看见了一家冰激凌店，就赶紧跑去了那里，不爬山了。我觉得我们的决定是对的，因为我们尝试了一种从没吃过的口味：米酒味的冰激凌。爸爸特别喜欢，说是他的最爱之一！

就在吃冰激凌的时候，我们看到山脚下还有一家小店卖刨冰，可

以坐在森林里的一条小河边吃！我们就接着吃！大家争论了一小会儿，选择了牛奶味的刨冰。刚吃一口，高高就发现这不是他喜欢的口味，只有我和爸爸妈妈吃了。不一会儿，我就因为吃了太多刨冰，凉得脑袋都疼了。现在，只能靠爸爸妈妈把一大盆刨冰吃完啦。

吃完刨冰，我们又去了一座庙。这是个又阴又暗的地方，唯一的光亮来自大殿里的蜡烛。我们不确定值不值得买门票进去，便派爸爸先一个人进去看看到底好不好。爸爸给我们竖起了大拇指，全家都买票进屋了。结果，这里非常好玩。大殿里有很多座雕像，每一位都代表一个神灵。然后我看见了整个庙里最好玩的东西：香！每根30日元。我们用自己的零花钱买了两根，每人只有一根。我们先试着用打火机点，但打火机坏了，点不成，又想出了个好主意，用已经点着的香点我们的香，一下就点成了。把香插入香炉前，我们可得先好好玩玩。大殿里很幽暗，只有香上有星星点点的光。我们不停摇晃着手里的香，借着微微的光亮，察看屋子里到底放了些什么东西。

今天太好玩了！

奈良春日山里

奈良小街里一家点心店

多谢了，哼和哈！

安倍宣布结束了全国的紧急状态，周末全家坐火车去奈良。出了车站，门口喷泉上站着主持修建东大寺的行基和尚。面朝东大寺的方向，顺着他的目光走就对了。

疫情期间，游客稀少，又是清晨，古都著名的鹿都饿极了，围在卖鹿饼的阿姨身边，等着我们落网。刚从阿姨手里接过圆形的鹿饼，它们就冲了上来。见我们手忙脚乱连包装袋都打不开，更是急得直接咬起我们的衣服来，吓得大家扔下刚买的鹿饼狼狈而逃。

围在鹿饼摊的鹿

一天下来，踩了不少点儿，绿油油的若草山，春日神社的石灯，还有新药师寺的十二神将最叫人难忘。孩子们知道这里有很多列入联合国教科文组织世界遗产名录的景点，来前都很兴奋；但转下来，从一个寺到一个庙，中间还有大大小小又多有雷同的神社，难免感觉有些重复。好在还有冰激凌，好在孩子们都能自己找乐。

今天的日记，得得写得最好，整篇洋溢着一种得意。不仅仅是因为这天好玩，更是因为他知道自己找到了好玩的事儿来写，写得也好玩。如果说高高去宫岛那天写的日记是哥哥的转折点的话，这篇我觉得是弟弟的转折点。从这篇开始，他写得更有乐趣了，他把乐趣写在自己的日记里，知道遣词造句本身也能带来快乐。写完哼哈二将把抢食的野鹿拒之门外后，他加了一句"多谢了，哼和哈"，他迫不及待地把这句他自己的"发明"读给我听。那份得意，是从没有过的，是格外新鲜的。

这篇日记仍然没有一个整体的结构，还是分成了三部分，每一部分之间除了时间先后，没有特殊的联系。但我夸得得写得好，是因为在每一部分里面都有构思，有起承转合。

第一部分写饿急了的鹿。上来第一句话不再是"今天我们去了哪儿哪儿"，而是讲这一天开始得很安详平静，为后面野鹿抢食打破平静做了铺垫。早上出门早还没吃早点，全家人其实和野鹿一样也都正饿着呢，仓皇地逃到东大寺，坐下来吃自带的面包。可野鹿找不到别的游客，只得对我们穷追不舍，不过追到有哼哈二将把守的山门，就不敢越雷池一步了。第一部分，以出发时的平静开始，以感谢东大寺哼哈二将拦鹿之恩结束，不仅写得有童趣，而且有构思，是得得的突破。

吃炼乳刨冰

第二部分写吃冰。先是在若草山下面的一家小铺吃当地特色口味的米酒味圆筒冰激凌，然后是在春日山水谷神社旁的"水谷茶屋"吃炼乳刨冰。结果哥哥不吃，都让得得一个人吃了，冰得头疼。两次吃冰，有重复又有不同，就有意思。

最后写新药师寺。从大殿黑乎乎的，只有一点蜡烛的亮儿开始，到孩子们玩手中的香，就着香尖微弱的光，像探案一样察看周围的环境结束，前后由光亮串接在一起。这不一定是得得一开始就想好了的，可能只是因为现实里是这样发生的，所以便这样写出来了。这样写，孩子的感觉是对的。

奈良可写的太多了。比如在元兴寺,下大雨,寺人送给两个孩子雨伞,别人都躲在大殿里,只有他们两个顶着雨伞转元兴寺的花园;比如在一家点心店,孩子们点了"三毛猫",我们要了"鹿之子",那是大家见过的最精美的日式果子;再比如,傍晚,猿泽池前有老人开着车送卷心菜给鹿吃,得得也跑过去要,结果老人只剩下最后一片

"三毛猫"和"鹿之子"点心

菜叶,得得很不情愿地掰下一半给哥哥,跑到草坪上喂鹿,野鹿可能已经吃饱了,异常温顺,完全不见了清晨时饿急了的凶样。得得这些都没写,他只写了自己觉得有趣的事,而且用了自己觉得有趣的方式来写,写着写着,先把自己逗笑了。我想这是一个很好的开始。

春天的古都,盎然的生机令人感动:穿着华丽和服的年轻母亲抱着新生儿,来手向山八幡宫祈福,姥爷拎着长镜头的相机跟在后面;春日野的树林中,新生的小鹿跟在母鹿后面,炫耀着一身鲜艳的花纹;晚上回家时的火车站前,一家点心店的屋檐下,嗷嗷待哺的小鸟躲在窝里,张大了嘴,等着妈妈衔食归来,母鸟冲锋一般飞回家,喂完食就一刻不停地又冲出去,反反复复,孩子们抬着头,看得目不转睛。

3 神奇的西宫贝壳博物馆

得得 6月2日 周二 晴

Today we went to a shell museum! But before that, I had to go to school.

We took a bus to the shell museum. When we got there, the lady at the front desk let us choose a shell from their collection.

"Ikura desuka?" (How much is it?) I asked with a smile.

"Really?!" It was free! And the shell they gave us were ones that we had never seen before!

After that, we went to see the shells. The first few I looked at were toys made of shells. They were great. Then, I saw a shell that was bigger than my head!

In the middle of the museum were a few snails, each one from a different country. After we watched that exhibit, we went to a place where there was a big plate filled with tiny shells. At the beginning we thought that it was a big bowl of sand and the shells were hidden beneath, but then we realized that every grain of "sand" was actually a tiny little shell! And you could take 10 shells home with you for free! It was a very hard decision choosing which shells to take home. But I think we made good choices.

Today was a great day.

I will always remember this museum.

  今天，我们去了一座贝壳博物馆！不过去那之前，我们得先去学校上课。

  我们是坐公共汽车去的博物馆。到了那，前台的阿姨让我们从墙上的贝壳收藏里随意挑选一枚贝壳。

"いくらですか？"（要多少钱？）我用新学的日语笑着问她。

"真的？！"竟然不要钱！而且这些免费的贝壳都是我们从没见过的品种！

取完免费的贝壳纪念品，我们就去参观博物馆了。最开始是些用贝壳做的玩具，都特别棒。然后，我看到了一枚大贝壳，比我的头还要大！

西宫市贝类馆

比头还大的海螺

博物馆中间是各种蜗牛壳，每一种蜗牛都来自不同的国家。我们找到一个盛满了微型贝壳的大盘子。一开始，我们还以为那就是一大碗沙子呢，贝壳都藏在沙子底下，需要我们自己找。走近一看，我们都惊呆了，每一粒"沙子"其实都是一枚很小很小的贝壳！而且，我们每人还可以带10枚贝壳回家，又是免费的！挑哪些贝壳带回家呢？真难做决定啊。不过，我觉得我们挑出来的贝壳都是最好的。

今天太好玩了！

我会永远记住这座贝壳博物馆的。

高高　6月2日　周二　晴

After school, we went to a shell museum. I had never been to a shell museum before. I never knew that a shell museum even existed! I was excited. I couldn't wait! As we were on the bus, I imagined what the museum would look like. Would it be big? Would it be small? I had no idea.

After we got off the bus, we had to walk a long time. "This museum had better be good," I thought. When we got there, all I saw was a small building. I put my hands up on my hips and asked, "Is this it?!" Nobody answered. We slowly walked in. When Dad pushed open the door, I saw walls filled with shells. It was beyond amazing!

We walked through the aisles, examining each shell. There was a seashell aisle and a land shell aisle. At the end of each aisle, there were artworks made of shells. I was amazed. Each and every one of them was unique in its own way. I did not know they even existed. You could not just find these shells on some ordinary beach. My favorite was the heart-shaped shell. It looked so fragile.

I found out that one person donated all the shells to this museum. What we saw was just one person's collection! Wow!

Let me say it again, "This is beyond amazing!"

漂亮的贝类馆门票

放学后，我们去了一座贝壳博物馆。我还从没有去过任何一座贝壳博物馆呢，我根本就不知道世界上还存在着专门展览贝壳的博物馆！我特别期待。我等不及了！坐在公共汽车上，我就想这个博物馆会是什么样子呢？是很大，还是很小？我真是想象不出来。

下了车，还要走很长的路才能到。"费了这么大劲找过来，这个博物馆最好是真的值得一看。"我心想。可等我们走到博物馆门前一看，就是一座很不起眼的建筑。我双手叉腰，问道："就这？！"没人搭理我。大家慢慢地走了进去。就在爸爸推开博物馆大门的一刹那，我看见了一墙又一墙的展品，全是贝壳！这真是个比神奇还要神奇的地方！

我们一排排地看，仔细观察每一枚贝壳。有一整排展品都是海洋贝壳，还有一整排都是陆地贝壳，每一排展示柜的最后都是用各种贝壳制成的艺术品。我真的太惊讶了。每一枚贝壳都独一无二，我根本不知道世界上竟还有这样独特的贝壳——它们可不是在随便什么沙滩上就能捡到的宝贝。我最喜欢的是一种心脏形状的贝壳，它看起来特别脆弱！

我发现原来整个博物馆的贝壳其实都是一个人捐赠的，我们看到的每一个贝壳都来自他的个人收藏！喔！

贝壳墙

我要再说一遍，"这真是个比神奇还要神奇的地方！"

爸爸说：

"神奇"需要证明

兵库县解除新冠病毒紧急状况后，神户周边大大小小的公园博物馆都迅速重新开放，大都是解禁的当天或者第二天一早就重新开门。西宫市贝类馆离我们住的地方不远，现在终于能去了。

孩子们还是上午上课，我们中午从学校接上他们，先坐火车，再倒汽车，花了很长时间才到。门口的服务员很认真，给每个人量了体温，又让我们登记了联系方式，才放我们进馆。不大的西宫市贝类馆1999年开馆，竟是建筑大师安藤忠雄设计，外观是白色的游艇风帆的形象，低调地藏在一大片单调的居民楼中，展品则基本来自日本贝类研究的开创者、兵库县淡路岛人黑田德米博士（1886—

1987)10万枚贝壳收藏。虽然在很多自然博物馆和海洋馆里也看过贝壳的展示,但这样一座专门为贝壳、专门为一位学者的收藏而建的博物馆,真还是第一次参观。神奇的贝壳,那些令人匪夷所思的形状,让大人和孩子们都有些流连忘返。

我跟得得说,"那段日语的对话,我真没想到。对话读起来非常有意思,因为你故意省略了阿姨的回答,两句话都是你说的,一句是问题,一句是你听到答案后吃惊的反应,至于阿姨到底说了什么,你要读者自己猜。你这篇的重点是拿免费的贝壳,对贝壳博物馆本身的介绍和描写都很少,这就和哥哥写的很不一样,但没关系,这样也挺好,说明你们两人关心的东西不一样。爸爸唯一想让你改的地方是最后挑微型贝壳的部分。那样小的贝壳,还那样多,挑得咱们眼花缭乱的。这儿,你得加一两句话,要么写写那些贝壳什么样子,要么写写你自己当时挑贝壳时的动作或者感觉——这里需要细节。"

我跟哥哥说,"开头两段写得特别有意思,后面的写得太匆忙,感觉像没有耐心了,就想赶快写完似的。开头的铺垫很好,自言自语和双手叉腰问'就这?!'都很有趣,而且有形象感。你发出有些失望的感叹后,没人搭理你,这个细节加的也好。大家'慢慢'地走进博物馆,好像都不是特别兴奋。这一切都在为爸爸推开博物馆的大门、你被满屋子的贝壳震撼住这一刹那做准备。开头的两段写的有张有弛,说明你动笔之前就已经想好了要如何写了;后面几段就不一样了,感觉是想到哪儿写哪儿,比较随意;结尾还可以,和前面有呼应。爸爸觉得你应该在描写展品那段加一两句话,毕竟这里的贝壳到底怎么'神奇',读者不知道。你需要解释,需要提供'证据'。"

4 恋恋不舍的纪伊半岛

 高高　6月13日　周六　晴

Mushikuiiwa Rock is a big rock filled with tiny holes. When we got there, I thought it would be boring. But it turned out to be awesome! The first thing Dad did was to run to the bathroom. He then took pictures. Lots of pictures! As I was exploring the area, a sudden yell was made by Jake. He called us over to see what he had discovered: a little pathway leading up to the top of the rock! Mom, Jake and I climbed up. Dad didn't want his camera to get bumped by the rocky edge, so he did not go. He stayed at the bottom, asking us to stop from time to time so that he could take pictures.

We left in a good mood and drove on to our next *destination*（目的地）, which brought my mood up even more. It was a rocky beach. Jake and I jumped from rock to rock until we got to our destination: a big tidal pool on the edge of the rocky beach. We found tons of snails and hermit crabs, a few big ones and lots of little ones. I decided to move all the hermit crabs we caught to a smaller pool. Jake helped me. We filled up the little pool and watched the hermit crabs crawl. In the middle of doing all this stuff, I heard a yell, "Jake, Easton, come over here!" That was the cue for picture taking. As I ran to my dad, I found a unique shell of swirl shape. I gave it to Dad and he loved it.

After Dad took some more pictures, we got into the car and drove away from our hermit crabs.

We ate instant noodles at a Lawson store by the sea and then went to a shrimp&crab museum! I saw one of the rarest lobsters: the blue lobster. I was also surprised to see a hermit crab the size of my head and a crab with legs the size of my arm. In the middle of the museum, you could even touch the human-sized spider crabs. Dad was scared and did not touch any of them. We kept on looking for special crabs. I saw one that had super defensive armor. Its eyes alertly looked up when we moved our hands. I saw a weird looking crab that resembled a giant *roly-poly*（圆圆胖胖的）bug. It was from the deep seas. It had a white body and black eyes. Its eyes had no pupils in them, which made it seem like the thing was staring right at me. It looked scary. Surprisingly, out of all the possible choices, the museum gift shop sold the stuffed roly-poly crab as a souvenir. Here, it looked less scary.

After visiting the museum, which brought my mood to the highest level, we went to a park on the top of the cliff by the sea. In the park, wherever we went, we could hear children's songs playing. All the songs were in Japanese, so we could not understand. But it still felt great! By now the wind started blowing hard. We walked and walked until we climbed down the cliff and reached the beach. Another rocky one! There was a small island, which was linked to the rocky beach via a small bridge. And the island was circled by its own rocky beaches. We wanted to walk around the island on the beach. But it was too windy. Instead, we climbed the little hill on the island. There was a shrine devoted to the sea god. When we reached the shrine, Jake needed to go number two. He tried to hold it, but could not. We walked past a very dirty toilet. Jake ran in and came out with a big frown on his face. There was no toilet paper! I suggested that he use a pinecone or some leaves but he refused.

Jake decided to run back to the restroom in the parking lot. We all walked back to the parking lot. It was finally time to go home.

虫喰岩是一块布满小洞的巨石。刚到那儿的时候，我以为会很无聊，没想到，特别好玩儿。爸爸一到就跑去了厕所，然后就开始照相，照了很多很多的相。我正在四处乱转的时候，得得突然大吼一声，把我们都给叫过去看他的发现：原来是一条通向岩石顶部的小路。我、妈妈还有得得一起爬了上去。爸爸害怕石头碰坏他的相机，没爬。他待在底下，不时叫我们停下来好给我们照相。

离开虫喰岩,大家心情都不错,不过下一站让我的心情更好了。这一片海滩上全是礁石。我和得得在礁石上跳来跳去,一直跳到了我们的目的地——礁石边缘的一大片潮汐池。我们找到无数的海螺和寄居蟹,有大有小。我决定把所有的寄居蟹都移到一个小一点的水池里去。得得帮忙。我们把小水池都给填满了,蹲在边上看里面的寄居蟹爬来爬去。就在这时,我听见一声大吼:"高高,得得,过来一下!"我知道,这是又到照相时间了!跑向爸爸的途中,我捡到了一只很特别的贝壳,它的形状是一串盘绕在一起的圆圈。爸爸看了,非常喜欢。

潮汐池有很多寄居蟹和海兔

我们在海边的一家便利店买了方便面吃,然后去了一家虾蟹水族馆!我看见了最稀有的龙虾:蓝龙虾。和我头一样大的寄居蟹,更是让

虫喰岩

水族馆里全身盔甲的螃蟹

我大吃一惊。水族馆里还养了好多和人一样大的蜘蛛蟹，可以摸。爸爸害怕，连碰都不敢碰。我们继续寻找奇特的螃蟹。我发现了一只，盔甲特别厉害，盖住了整个身体，我们只要手一动，它的小眼睛就警觉地支起来。我还看到一种螃蟹，像大号的潮虫，能把身体卷起来。这是一种深海蟹，眼睛是黑的，身体却是白色的。它的眼睛里没有瞳孔，只是黑乎乎的一团，仿佛正盯着我，看起来很可怕。出乎意料的是，有这么多可爱的螃蟹可供选择，水族馆的礼品店却只卖毛绒潮虫蟹玩具作纪念品。不过，礼品店里的潮虫蟹（大王具足虫），看起来不太可怕了。

虾蟹水族馆让我心情好到了极点，然后，我们去了一个海边悬崖上的公园。在这个公园里，我们走到哪儿，哪儿就会有童谣响起来。虽然歌都是日文的，我们听不懂，但还是感觉很棒！这时候大风开始刮了起来。我们走啊走，爬下悬崖，来到了一片沙滩上，又是一片全是礁石的海滩！海滩对面是一座小岛，有小桥把海岛与海滩连在一起。海岛的一圈也全是布满了礁石的海滩。我们想沿着海滩绕岛一周，但风太大了，只得爬上了岛中央的小山。山上有献给海神的神社。一到神社，弟弟就要上厕所，他想憋着，但实在憋不住。我们路过了一个很脏的厕所，弟弟跑进去，又立刻跑了出来，皱着眉头，原来里面没手纸！我建议他用树叶或者松果擦，但他没有接受我的提议。

桥航岩

得得决定跑回停车场，那里有卫生间。我们也只能走回了停车场。可惜马上打道回府了。

我也还想再多停留一会儿

周末开车穿过纪伊半岛,去和歌山县最南端的串本市,看熊野的海和海上著名的桥杭岩。据传说,弘法大师空海上人与天邪鬼打赌,看谁能在天亮前修好一座连接串本和对面纪伊大岛的石桥。一串伸向水中的巨石就是弘法大师留下的桥墩,形态怪异的岩石散落在一大片龟裂的石英岩上,像一盘未下完的棋。白鹭孤零零地立在巨石头顶;穿着休闲连衣裙的女人,在巨人的棋盘上遛着袖珍的小狗;岸边是一排笨重的哈雷摩托车和穿着黑色皮衣的车手:很怪异的拼图。黑色的海水洗刷着棋盘,冲击着棋子,但每个棋子都岿然不动。

孩子们对桥杭岩无动于衷,却对不远的虫喰岩情有独钟。虫喰岩在日本的传统捕鲸小镇古座,离串本差不多半个小时车程。还不是捕鲸季节,小镇安静得很,有穿着西装的中年男子拎着皮包在老街上匆匆地走,看不出鲸鱼的影子。平静的古座川把小镇一分为二,岸边是樱树和树下红色的神社鸟居,水中是闲着的小船和散落在高濑滩边的白鹤,有农人在路边窄窄的田上耕作。很难想象几百米外就是太平洋,就是黑潮暖流,巨鲸洄游的必经之路。沿着古座川,朝大海的反方向往山里走,虫喰岩就在小镇外的农田边。一块蜂窝一样的巨石,满是蚀洞,大洞套着小洞,小洞里还有洞,的确是奇石,只不过看着有些可怕。孩子们却玩得很开心。

在日本的短暂寄居,全家一起去了很多地方,写了很多旅行日记。最有趣的就是写完后一起分享,虽然写的都是同一天,但大家写得各不相同,很少重复。很多时候,那些历史自然名胜,在孩子笔下只是寥寥几笔,反倒是一些路边偶遇吸引了他们的注意,占据了更多篇幅。这次也一样,出发前给孩子们宣传了半天的桥杭岩,

在孩子们看来没什么好写的，倒是临时决定去看的虫喰岩，还有回程时路过的几片没有名字的海滩，给他们提供了难忘的素材。记录下这种差别，正是全家一起写日记的乐趣之一。

今天从串本开回神户，经过了好几个景点，每个都很有特色，孩子们想都记下来，自然难免有流水账的感觉。我鼓励高高，夸他写得不错。"比如，开头和结尾都和上厕所有关，以爸爸在虫喰岩找厕所开始，以弟弟在江须崎岛上的春日神社里找不到厕所结束。比如两次大叫，一次是得得喊大家去看他的发现，一次是爸爸喊你们来照相，而爸爸给你们照相，打断了你们的玩耍，这样的情形前后也出现了两次。再比如，在水族馆两次看到潮虫蟹，一次是真的，很可怕，一次是玩具，不那么可怕。这种重复和呼应，看似随意甚至多余，其实给本来很散乱的内容提供了一定的结构，虽然还不是一整套骨架，但至少有了骨架的影子。

"另外，有些细节，我也喜欢。比如，到了童谣公园里，就开始起风；后来走到海岛上，风更大了，爸爸担心你们的安全，没让你们踩着礁石绕小岛一圈。如果这里直接写到了小岛上，风太大，走不了，就会显得太突然，没有这种连续感了。再比如，日记的最后，你写到得得是'跑'回停车场的，而咱们都是'走'回去的；因为得得着急上厕所，咱们不急，而且最后一句话好像也在暗示就是因为得得非得上厕所，咱们才不得不提前开始了回家的行程。那种不情愿，那种依依不舍，虽然没有明说，但隐隐地含在你的话里了，爸爸读得出来——因为，当时爸爸也还想再多停留一会儿啊。"

日记里提到的水族馆全名是"周参见町立虾与螃蟹的水族馆"。其貌不扬的建筑，很卡通的红螃蟹的标志，没想到展品不仅丰富而且专业，可算是我们在日本最意外的收获。

1987年建成的"日本童谣园"，就在水族馆旁边，也在纪伊半岛南端的海滨小镇周参见。一进停车场就看见一个醒目雕塑，刻的是一个拍着小球的孩子站在海边的悬崖上，为的是纪念20世纪30年代著名的纪州童谣《手球和殿下》（中山晋平作曲，西条八十作词）。公园的石径上隔几步就有一通歌碑，旁边有扩音喇叭，人一走过，歌声就会响起——一边是大正时代的童谣，一边是永恒的海浪声。悬崖下面是枯木滩和江须崎岛，上岛的小桥边，捕鱼人为死去的鱼立了一座"鱼类供养塔"，塔前有石头拼成的鱼群，鱼群中的一块白色鹅卵石上写着"南无阿弥陀佛"。江须崎岛是日本"国家指定天然纪念物"，因为黑潮暖流，岛上一年恒温。虽然纬度高，岛上的植被却都是亚热带植物，走在山间的小路上，藤蔓像触角一样从四处垂下来。和孩子们一样，我们也不想离开。

5 到和歌山看海

After a dreadful week of study, it was finally time to take a break. Dad said we were going to Wakayma. It would be a beach day!

We had to wake up extra early because if we drove our car out of the parking lot before 7:30, we wouldn't have to pay. I dragged myself out of bed and slowly walked to the car. As my dad turned on the car, I laid my head on the freezing window and closed my eyes.

"Wake up! Wake up, Easton! We are here!"

"Beach!" I blurted out when I gazed out of the car window. We drove

along the shore for a while and finally my dad pulled into a parking lot. The moment my feet touched the ground, I took off. Soon sand came into sight. A smile sprouted on my face.

I stopped in front of the beach and hollered, "Hurray!" The feeling of the soft sand on my toes was like stepping on a carpet. When I saw my mom picking up some shells, I started picking up shells too. But as you know, picking up shells can get pretty boring. And it did. So I decided to walk along the sand-covered shoreline. My brother hurried over, rubbing sand off his pants.

A few seconds later, the mirror-like ocean was right in front of us, and we dipped our feet into the water. It was of perfect temperature. As we slowly advanced, I looked down into the crystal clear water. I felt my feet touch the green slimy algae. My eyes searched anything that moved. Then I saw it, A SEA SLUG!

If you are wondering what a *sea slug*（海蛞蝓）is, let me tell you that a sea slug is exactly what it sounds like. It's a slug that lives in the sea. The only difference between a slug and a sea slug is that these blue and green sea creatures are huge. Picking one up is like picking up a human baby. The sea slug I found was beautiful. It glistened under the burning sun. The fact that a sea slug lives here means that the sea is healthy. My brother slid his hands under the *bizarre*（奇异的）animal and gently lifted it up. I called my dad over. When he saw our jaw-dropping discovery, his feet left the ground in astonishment.

When Jake was showing him the sea slug, this giant of the sea wiggled and jiggled. All of a sudden, Jake lost grip and the sea slug fell into the deep calm water. I was furious that Jake had lost my sea slug and shouted, "What's that all about?!" All Jake could say was, "Should we go find another one?" I didn't answer. Anger fumed inside me. We kept on walking along the shoreline in silence. After a while, I said I was sorry for yelling, but this time

Jake didn't answer. I looked at him and he was looking straight down. When I looked where my brother was looking, I saw the biggest sea slug I had ever seen. It was truly a giant.

Guess what we did for the sea slug? First, we set the sea slug in a small tidal pool with some algae in it so the sea slug could feed on it. Then I slowly bent over to touch it and ran my hand over its slimy back. Suddenly, red ink exploded out of the sea slug's body. The sudden shock gave me a start. The ink dyed the water red like blood. I felt that the sea slug was smiling at us, because he scared us.

As I wiped the ink off my hand, I thought to myself, "Finding a sea slug was rare, but having a sea slug pooping red ink right onto my hand was the rarest."

　　枯燥的一周学习后，终于到了休息的时间。爸爸说我们会去和歌山，今天将会属于海滩！

退潮后的和歌浦露出平滑的泥滩，正是孩子们抓小螃蟹的好地方

如果我们能在早上7点半以前开出停车场的话，就不用付费，所以今天大家都起得特别早。我把自己从床上拽起来，昏沉沉地走向我们的车。爸爸把车启动起来的时候，我把头靠在了冰冷的车窗上，闭上了眼睛。

"醒醒！高高，醒醒啦！咱们到啦！"

"海滩！"我瞅了一眼窗外，不禁大叫。我们又沿着海岸线开了一会儿，爸爸才终于找到了停车场。双脚碰到地面的一刹那，我就向着大海跑去。一会儿，沙滩就映入眼帘。我的脸上笑开了花。

我站在沙滩上，大喊，"太棒啦！"沙子那么柔软，踩在脚下就像踩在地毯上一样。我看见妈妈已经开始找起贝壳来，便也立刻加入。不过，捡贝壳有时挺无聊的。一会儿，我就捡腻了。我决定去海边碰碰运气。弟弟一边掸着裤脚上的沙粒，一边匆匆忙忙地赶了过来。

几秒钟后，镜面一样的大海就躺在我们面前了。我们把脚伸进水里，温度不冷不热，正合适！我们一边慢慢地前进，一边低头看着晶莹剔透的海水。我能感觉到脚趾正触碰着绿色黏滑的海藻。我的眼睛寻找着任何会动的东西。然后我看见了它：一只海蛞蝓！

如果你好奇海蛞蝓长什么样子，那就让我告诉你吧：海蛞蝓和它的名字所示一样，长得就像一只鼻涕虫（蛞蝓），只不过生活在海里。另外，海蛞蝓和陆地上的蛞蝓最大的区别是，这些绿色和蓝色的海蛞蝓可比陆地上的那些大得多，把它们拿起来就像抱起一个小孩。我发现的这只海蛞蝓漂亮极了，它在阳光下闪着多彩的光。能在这里发现它，说明这边的海水没有污染。弟弟小心地把手滑到它的身下，轻轻地把这个长相奇怪的家伙托了起来。我去喊爸爸。当他看到我们这令人目瞪口呆的发现时，爸爸吃惊得跳了起来。

巨型海蛞蝓

就在得得给爸爸看这只海蛞蝓的时候，这个海之巨人扭来扭去，突然一下，弟弟没抓住，它掉进了平静但很深的海水里。我气死了，冲着弟弟大叫，"你干什么呢！？"弟弟却只是说："那咱们再找一只呗？"我不理他，怒火中烧。我们继续沿着海岸线向前走，谁都不说话。过了一会儿，我对弟弟说："对不起，刚才不应该跟你嚷嚷。"但这次，弟弟也没理我。我看着他，他却低头看着水里，我也顺着他的目光往水里看，这时，我看见了我见过的最大的海蛞蝓——这可真的是只庞然大物！

猜我们是怎么对待这只海蛞蝓的？我们先把它放到一个小的潮汐池里，还放了一些海藻，这样它就饿不着了。然后，我弯下腰，轻轻地抚摸它黏黏的后背。突然，红色的墨汁从它的身体里一涌而出，把我吓了一跳。墨汁像血一样把周围的水都染红了。我觉得海蛞蝓正冲我们呵呵笑，因为它把我们都给吓死了。

我一边擦拭着手上的墨汁，一边心里想，"能找到海蛞蝓已经很幸运，而让它把红色的墨汁直接喷到手里肯定是最难得的一件事情了！"

海蛞蝓

得得　6月20日　周六　晴

We went to a little island to eat our lunch by a big mud beach. I had a cheeseburger and my brother had spaghetti. Soon I saw that there were lots and lots of holes on the mud beach and in the holes there were little black crabs! Lots of them! We asked for some chopsticks so that we could dig them out. But we soon realized that that was too hard. The holes were too deep! So we started to flip rocks. Then it became so easy, because once you flipped the rocks, the crabs hidden beneath simply came to you! Easton asked Dad to eat quickly because we needed his sushi box to carry the crabs we caught.

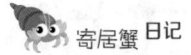

Oh, I forgot to mention that this place is a heritage site of Japan, because a long time ago the emperors loved to watch the ocean tides from here. Right now, it was at low tide, so all we could see was the mud bed. But usually this mud place would be covered by the ocean! But lucky for us, the mud beach was much more fun for us than just some water!

Mom worried that we caught too many crabs and that they would all die. So we talked to Mom, "Don't worry! We will let them go on the next beach we visit!" That did not convince her. We had to free them back to the mud beach and go back to our car. I thought we were going to leave, but we did not! The place where we parked had a little shrine. I saw a souvenir store nearby. So I took a look. To my surprise, I saw a really fantastic bunny. "I should add that to my collection!" I thought. So I asked Mom whether we could buy it. And I added, "It is very cheap!" This time, I convinced her!

We walked around the little shrine and then I was sure that we would leave. But I was wrong again. We walked over a rock bridge and when we were on the bridge we saw a mud beach just like the other one we came from, but even muddier. We wanted to get down there. We had become detectives, trying to find a pathway to that place! Finally I found a staircase. We went down to the mud beach and tried to flip some rocks. But the rocks here were all covered with oyster shells. They were very sharp! So we decided to look somewhere else. The last step of the staircase was broken. We took a peek inside. Two crabs as big as my head! But they ran so fast that we could barely see them. While we were down there, Mom and Dad did not go anywhere. They just stayed around and looked at the not so special bridge.

Then it was time to leave. On our way back to the parking lot, we saw a path up a little hill. I asked, "Can we go there?" Dad said, "Yes." So we went. Dad and Easton reached the top first because I waited for Mom. She had to use the bathroom first. The hill was much smaller than I thought. I thought it would take 30 minutes to get to the top but it only took us 2 minutes!

But it was very worth it, because the view was so good! I even found a rock edge that stuck out a little bit. It was a perfect place for photos!

我们来到一个小岛上，坐在一片泥滩边吃午饭。我吃汉堡包，哥哥吃意大利面。不一会儿，我发现泥滩上有好多好多小洞，洞里有黑色的小螃蟹！好多好多只螃蟹！我们要来木筷子，想把它们从洞里挖出来。不过很快我们就明白这根本行不通——洞太深！我们只得翻石头找蟹了。这倒容易，因为一翻开石头，藏在底下的螃蟹就直接向我们扑过来。高高让爸爸快点儿吃，好用他的寿司盒装螃蟹。

哦，我忘了说，和歌浦这个地方是一处"日本遗产"。很久以前，天皇们喜欢来这里看海潮。现在正赶上退潮，只能看见一大片泥滩，其实大部分时间里这里都是被盖在海水下面的。不过，对我们来说，赶上退潮很幸运，因为泥滩可比只有海水好玩多了！

妈妈担心我们抓了这么多小螃蟹，会把他们给晒死了。我们就跟妈妈说，"不用担心！我们就玩一会儿，在下一个沙滩就把它们都放了。"这没能把妈妈说服。我们不得不把它们放回到了泥滩上，然后走回停车场。我想，我们是要离开和歌浦了。但我错了！停车场边有一处小神社，我看到卖纪念品的地方。我随便一看，没想到，竟然看到一只特别可爱的陶制的小兔子。我想，"要是能把它加入我的收藏就好了！"我问妈妈能不能买，而且还加了句，"挺便宜的。"这次，我把妈妈说服了。

我们在神社里转了一圈。这下，我想我们肯定是要离开这里的。不过，我又错了。我们去看了一座石桥。站在石桥上面，我们又发现了一片泥滩，和刚才那片很像，不过更泥泞些。我们要下去看看，于是我们都变成了侦探，想要找到通向泥滩的通道。最后，还是我找到了一处台阶，可以下去。到了泥滩上，我们又翻石头，不过这里的石头上面全是牡蛎壳，太锋利了！得想别的办法。台阶的最后一层坏了，露出了个大洞，往里面一瞥，两只大螃蟹，足有我脑袋那么大！可是，它们跑得太快了，我们连个大概都没看清楚。当我在桥下找螃蟹的时候，爸爸妈妈哪儿都没去，就在桥上待着，看这座不怎么特别的石桥。

现在，是真得走了。走回停车场的路上，我们看到一条上山的路。

伏虎山顶的和歌山城

我问爸爸,"咱们能爬山吗?"爸爸说:"行啊。"爸爸和哥哥先爬上了山顶,因为我得在山下等妈妈上厕所。山比我想象的要小得多。我以为要爬30分钟才能到山顶,没想到,爬了两分钟就到头了。不过爬这座山可真是爬对了,因为山顶的风景太美了。我还找到了一块向外延伸出去的岩石,那可是照相的绝佳地点哦!

爸爸说:

一波三折才有乐趣

和歌山市在日本算不上旅游城市,我们期待不高,却度过了最丰富最快乐的一天——有海滩,有城堡,有自然,有历史,孩子和大人都玩得不亦乐乎。不知为什么,两个孩子比着看谁的日记写得长,陆陆续续写了一个星期,每天写一点,写了好多页。这里分别选出来写得相对好的部分。

早上,趁懒洋洋的和歌山还没睡醒,我们沿着江户时代首屈一指的海堤防,先开到了浪早海滩。就在这里孩子们看到了大大小小的海蛞蝓(又叫海兔),这样的惊喜实在出乎所有人的意料!高高的那段日记记下的就是这份惊喜。

中午去片男波海滩。狭长的海滩上,随处可见搁浅的海蜇闪闪发光。在旁边的渔港买了纪州特产——用柿叶包的秋刀鱼寿司,还有汉堡和意面,带到"国家指定名胜"和歌浦野餐。走过模仿西湖

苏堤的三段桥,上和歌浦中的妹背山小岛,坐在观海阁外吃午餐。这里是圣武天皇行幸观潮的地方,是《万叶集》里常常描绘的鹤鸣苇边、海天一色的地方。正赶上退潮,本该是烟波浩渺的和歌浦却是泥泞一片,毫无色彩,不过这倒给了孩子们捉泥蟹的机会。谁能想到,一片没有海的海滩竟成了孩子们的最爱。得得那段记下的就是那时的快乐。

孩子们都努力想把这次的日记写好,写的各有特色,我很满意。我夸高高写得有波折、有动感:开头时是还没睡醒,迷迷糊糊地在车上睡了一路,最后却是意外的惊喜;中间有弄丢了最先抓到的海蛞蝓后,竟又发现了一只更大的,情节和情绪都有变化。有些看似随意的细节,我很喜欢。"比如早上的车窗"冰冷",但你还是头靠在上面睡着了,这说明你真的还没睡醒;太困了,你没有明说,但这个形容词把这些都暗示出来了。比如,弟弟见你走向海边,也匆忙跟了过去,一边跑,一边'掸着裤脚上的沙粒',没有这个细节,那就只是一句交代,有了这个细节,就让人仿佛能看到一个孩子,生怕落在哥哥后面,一下子就有了形象。再比如,得得把海兔弄丢了,他跟你说话,你不理他,然后过一会儿,你向他道歉,他也不理你,这样的细节都很真实,而且增加了现场感。还比如,弟弟轻轻把手伸到海蛞蝓的肚子下面,从底下把它托起来,而你是从上面抚摸它的后背,动作不同。同样的事如果没有这些细节,就像没有了肉,只剩下了骨架,文字就没有味道了。"

得得的这段也让我有些吃惊,和平时写的不同。这次他加入了很多转折,让本来很容易写成流水账的一段话,读起来充满了乐趣。事情其实很简单,就像每次出去玩一样,我们停下车,先去一个地方,然后再去另一个地方,如果路上又碰到了什么有意思的地方,就再多走走。这天就是这样,我们在妹背山下吃饭,孩子们在和歌

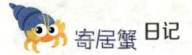

浦的泥滩上抓小螃蟹,然后去玉津岛神社——这儿号称是和歌诞生之处,供奉了和歌之神,门口立着山部赤人和柿本人麻吕的诗碑,接着又去了著名的不老桥,最后爬了镜山。但得得没有这样写,而是把自己当时的感觉写了进去。抓完了小螃蟹本以为要开车走了,没想到又去了停车场边的神社;买完了神社的纪念品,心想这回是真得走了,没想到又去看了石桥;在石桥下面的泥滩上玩了半天后,再次走回停车场,这回总该走了吧,谁想到看见了上镜山的小路,又岔了出去。总觉得要离开和歌浦了,但又总也不走——和歌浦就像一本看不完的小人儿书,翻过了一页,还有一页,总也玩不完。本来很平淡的走马观花,却让得得写出了这样的感觉,并不是因为弟弟有多高明,而是因为这就是他真实的感觉。有感而发,不算特别有趣的事儿也变得充满了情趣。

另外很多细节也很有趣,比如两次试图说服妈妈,一次是想多抓会儿螃蟹,一次是想买小兔子纪念品,一次没成功,一次成功了,有了这样的对应,读起来就会让人会心一笑。再比如,这一段的最后,本以为是座高山,没想到几分钟就爬到了顶,不过在山顶看到的风景让本来有些失望的心又兴奋起来。这样的转折都增加了文字的情趣,读起来不会显得枯燥了。站在镜山上,整个和歌浦尽收眼底:三面丘陵,一面大海,片男波的沙滩横在中间,确是一派奇妙的景象。你还找到了山顶的一块巨石,正好可以站在上面把眼前的一切照下来。这段日记停在这里,正好!

6 高高的毕业典礼

爸爸　6月26日　周五　晴

高高10岁，本来应该上四年级，但圣麦克斯学校按英国的体例，10岁的孩子要上五年级。入学考试两个孩子考得都不错，学校允许他们跳了一级，所以高高这个学期成了六年级的小学生。今天是他的毕业典礼。

因为疫情，每个家庭只允许两名成员出席，得得只得乖乖去上学，错过了哥哥的典礼。

10:30仪式在圣麦克斯教堂正式开始。孩子们穿着长袍绕场一周，然后纷纷坐到自己的父母身边。入场音乐是高高推荐的，英国皇后乐队的摇滚经典《我们是冠军》。虽然知道高高并没有真的小学毕业，回去还要接着上五年级，可看着孩子高兴的神情，还是很感动。

毕业典礼

班主任奥佛老师为每一个孩子做了风趣的介绍。说到高高时，夸奖他积极适应新的环境，还经常跟老师分享有趣的故事。校长泰勒女士在临别赠言里，送给毕业生们三个建议：一是到了新的学校，要谦虚，要向别人学习；二是对新的事物开放自己，充满热情；三是要保持微笑，对人友善。很好的建议！

仪式不长，合影时，因为疫情，孩子们每个人都隔开很远站在教堂门前的台阶上。老师数"一二三"，孩子们一起把帽子扔向了天空。

扔帽子也要排练一下

  当初选择来圣麦克斯学校,不仅是因为离家近,还因为孩子们都可以跳一级。这是孩子们自己做的决定,也是他们自己选择的挑战。

  中午李峥回家收拾去九州的行李。我带高高去吃一兰拉面,算是奖励和纪念。高高胃口很好,连续加了两次面。

Part 5 暑假去九州

杵岛岳半山腰,后面是草千里

❶ 乘太阳花号横穿濑户内海

Today was a very special day because we would start a journey of a lifetime. We were going to Kyushu on a big cruise! But first we had to go to school. And after school we had to go to our last violin lesson. After school and violin practice we finally went on JR to the ferry and started our journey of a lifetime.

The boat was much bigger than I had expected. You could even drive your car inside! When we got to our room on the 6th floor, we all said, "This is so big!" What I really liked about this boat was when it was moving I couldn't even feel anything. It felt like I was at home.

We arrived a little bit early. So we used our time wisely. We ate our dinner before the ship even started moving! After dinner we took a tour around the boat. I had to admit, the 5th floor was my favorite because it had everything on it, like a restaurant, a shop, and a video game center! But sadly it was closed.

While we were wandering around on the 5th floor, we heard an announcement that we would be crossing the *Akashi-Kaikyo Bridge*（明石海峡大桥）. It is the world's biggest suspension bridge! We ran to the deck outside. We were a little bit too early, but because it was a once-in-a-lifetime experience, we did not want to miss it. Honestly, I thought that we would go along the bridge, but instead we went underneath it. The bridge was big and lit up, but it was too dark for us to actually see anything. Soon we passed the bridge. It was in total darkness. We looked at the stars. They were so bright. It was my first time seeing *the Big Dipper*（北斗星）!

Looking at the stars was fun, but I was most excited about visiting the bathhouse on the boat! However, I had to say, it wasn't that good because they did not use real spring water! It was just plain bath water. When we got out of it, we saw a weird poster. In the poster, an old man with red eyes sat in a hot tub, saying "I'll be Beppu!" I did not understand what that meant, but Dad told me that we would be going to the famous hot spring town of Beppu tomorrow.

So, we will be Beppu!

今天很特别，因为今天我们将开启一次终生难忘的旅行。我们会坐船去九州！不过上午得先上课，课后，还得去上最后一堂小提琴课。等上完了课，练完了琴，我们终于坐上了火车赶往码头，开始了我们的旅行。

神户港里的太阳花号

游船比我想象的大得多，连车都能开进去！等我们找到了在第六层的房间，大家都说，"这可真够大的！"我最喜欢的是船开起来的时候，根本什么都感觉不到，坐在船舱里仿佛就像还在家里一样。

我们来早了，不过我们抓紧时间，趁船开前，吃完了晚餐。饭后，我们在船里乱转。我得说，我最喜欢的是第五层，因为这层什么都有，餐厅、商店，甚至还有电子游戏厅！可惜，游戏厅不开。

在五层瞎转的时候，我们听见广播里说船马上就要经过明石海峡大桥了。那是世界上最长的悬锁桥！我们赶紧跑到了外面的甲板上。这可是难得一遇的体验，我们可不想错过了。我本以为船会顺着大桥开一段呢，没想到是从桥底下穿过去。明石大桥真大，而且点了灯，不过天太黑了，根本看不清楚。不一会儿，我们就穿过了明石海峡大

太阳花号驶入大分湾

桥,然后是一片漆黑。我们仰望星空,星星特别亮,我第一次看到了北斗七星!

虽然看星星很好玩,但我最期待的还是去船上的浴室泡澡。不过,我得说,船上的澡堂可不怎么样,因为用的就是普通的热水,不是真的温泉水。从浴室出来,我们在走廊里看见一张奇怪的海报。海报里一个眼睛红红的老爷爷坐在温泉里,说,"我将别府!"我不明白他在说什么。爸爸说,明天我们就会去著名的温泉镇别府。

所以,我们将别府啦!

爸爸说:

不要用"然后"过渡

孩子们的课程结束了,我们在日本也只剩下不到两周的时间了。本来想去富士山,虽然新冠疫情紧急状态结束了,但富士山还不开放;所以选择去九州,又有火山又有海岛,而且新冠感染人数一直很少。从神户有直达九州北部博多的新干线,不过太贵,于是听妻子同事的建议,选择坐船,从东向西横穿濑户内海。傍晚出发,睡一夜,第二天清晨就到九州东北边的大分市。便宜很多,也不浪费时间,而且孩子们又从没有在游船上过过夜,所以特别期待。

船是太阳花号,很大。在反复播放的"太阳花"的歌声中,船员和服务员都深鞠躬列队两旁,迎接着零星的几位游客。船特别平稳,濑户内海也特别平稳,真的连浪的波动都感觉不到。晚上无事可做,更显得漫长,全家挤在狭小的船舱里写日记。

今天得得写得最长,也最好。好就好在他记下来的都是自己觉得有意思的事儿,而这就是我对孩子们记日记的最大要求。

开头写这将是一次"终生难忘的旅行",不过白天还是得上学练

琴，更显出等不及了的心情。

上了船，四人间的船舱比预想的大，很惊喜；有电子游戏厅，可是因为疫情，不开门，很失望；本以为船开起来会很摇摆，没想到平稳得就像在陆地上；船上竟然还有餐厅和澡堂子！得得把这些都记了下来，因为这是第一次坐船长途旅行，一切都是新鲜的。如果是坐过很多次船的人来写，可能就不会选择记这些东西了。等孩子长大了回过头来读自己的日记，可能也会笑自己当年为什么会写这些东西呢。可是孩子第一次坐船的那种真实和新奇感，就在这些细节里啊。

太阳花号的一大卖点就是能看濑户内海的夜景，特别是能够近距离欣赏明石大桥的灯火。不过与大桥上的彩灯相比，夜晚的星空更吸引了得得的注意力。过了神户和明石，两岸就看不到什么灯光了，所以星空格外明亮。得得自己发现了天空中的大勺子，分外兴奋！

下一段和这一段的结构一样，都有一个转折。本来最期待的是在船上泡澡，船泡在水里，孩子自己泡在船里的水里，肯定感觉很奇妙吧；但和明石大桥一样，最期待的反倒没什么意思。结果也像出乎意料地看到了北斗七星一样，一张奇怪的海报吸引了得得的注意。

这两段之间结构上的呼应，肯定不是得得事先设计好的，但因为当时的感觉就是如此，便如此写了下来，意外地给散乱的文字添加了一点形式上的联系。

我跟得得提的意见是关于段与段之间的过渡句，这一直是得得的弱项。他习惯用"然后""之后""接下来"之类的词。我让他把这些词变成一整句话，用一整句话把前面和后面的内容串联起来。他不明白我的意思，我便给他举例子。"比如，你说'然后，我们听

见广播里说船马上就要经过明石海峡大桥了',那时咱们在做什么呢?你的上一段在写什么呢?如果变成'在五层瞎转的时候,我们听见广播里说船马上就要经过明石海峡大桥了',这样是不是就把前后两段的内容连了起来?"得得一听就明白了,后面那段便想出了一句转折句和前面连了起来。

这些当然不过是很简单的练习,没有任何高深之处;但让孩子想清楚,并且写清楚段与段甚至句与句之间的关系,而不是把文字随便堆积在一起,却是写作里至关重要的事,也是需要反复提醒、反复练习的事。

2 别府到臼杵

爸爸　6月27日　周六　大雨

著名的古园石佛

今天的流水账。

不到6点全家就都醒了,太阳花号已经驶入了大分湾。下船,搭公共汽车去大分火车站旁的Orix租车行取车。看时间尚早,于是先去看大分市内的元町石佛。11世纪的摩崖佛像,阿苏熔结凝灰岩,药师如来的身体和两边的不动明王和童子像都已经模糊不清了;但主尊的面相却清晰如初,很温柔很甜美的表情。

154

雨越下越大，我们顶着雨，沿着田边的小路去看前面的岩屋寺石佛。石佛一组17尊，旁边贴着云冈石窟千佛龛的照片，以示源头。还贴着一张旧报纸，说这里的11面观音立像是"日本无二"，可惜破损严重，看不出什么了。

赶往别府，日本数一数二的温泉地热景区。"龙卷""血池""鬼石坊主"等7处地热喷泉，有的血红，有的奶白，有的海蓝，颜色各异，号称"别府地狱"。听到这个名字，孩子们都很兴奋。可是雨实在太大，车停在"血池地狱"，大家竟被雨浇得不敢出去。此时四周的山峦间热腾腾的白气顶着雨水，忽忽悠悠地升起；路边巨大的地狱魔头的卡通招牌，也被大雨淋得焦头烂额。得得抖机灵，说："我觉得现在咱们真的就在地狱里了。"

别府血池地狱

临近中午雨才小了一些。买了联票，把7个"地狱"都转了个够，然后去铁轮温泉区内的"地狱蒸工坊"，吃蒸黑毛猪和各种蒸饺蒸包。周围全是温泉旅店，鳞次栉比，热气从四面八方滚滚冒出，感觉整个山坡就像个多孔的蒸笼，马上就要开锅一般。

下午一路向南，穿过鹤见岳，去看日本国宝臼杵石佛。

石佛刻在深田盆地的凝灰岩壁上，一边是隐藏在林间的佛像群，一边是整齐如棋盘的水田舒展在雨中，中间是一条沿着小溪蜿蜒的石径。景区门口立着与敦煌友好城市的纪念石碑，颇有拉大旗作虎皮的架势。开头的几组佛像保存完好，可形象中规中矩，眉目与常见的宋元造像相同；但后面山王山的如来坐像，和最后的古园石佛的中尊大日如来像，是真的好，有童稚之趣，天真可爱，似乎是在中国从未见过的形象。

孩子们也很高兴，不是因为石佛，而是

地狱蒸工坊

因为在山间的小溪里找到了两只钳子很大的红蟹,和海边的螃蟹很不一样,又偶遇一条有着美丽花纹的蝾螈,在日本还是第一次见。

下山,穿过农田,去对面的满月寺。寺前的两座仁王像精彩极了,下半身埋在泥土里,动弹不得,上半身却挣拧着手臂和腰身,头发上竖,目眦尽裂,仿佛正拼力把自己从泥土中拔起。

雨越下越大,孩子们被田间荷池里的青蛙吸引,我们只得顶着雨衣,跟在他们后面,绕过"深田的心之小径"。小径两旁立满了中日文学名句的石碑,鲁迅、夏目漱石等人皆有。看到郭沫若的诗碑,"黄河之水通江户,珠穆峰连富士山",倒是应景,记了下来。

时间尚早,去看臼杵城遗迹。1556年九州大名大友宗麟从大分搬到此处,在一个名叫"丹生屿"的小岛上建了臼杵城。不过,现在岛已经完全和陆地连在了一起,看不出当时的模样了。这里曾是九州对外交流的中心,与我国明朝和西方都有密切的联系。如今繁华不再,但倒也安静。

臼杵民宿

臼杵城没剩下什么遗址,没有游客,也无甚可观。不过一处池塘边意外看到两颗巨大的炮弹壳,看介绍得知竟是日人在甲午战争中从威海卫抢来的。旁边另立有石碑刻写下所有二战中牺牲的臼杵籍士兵。这里在海边,参加海军的人很多,不少是在硫磺岛战役里死掉的。大雨瓢泼,城堡荒废,战争的影子兀然笼罩在身边,小镇也似乎不再宁静。

订好的民宿主人约我们在镇中心的一家咖啡馆见面。很年轻的日本女孩,英语出奇的地道,身边站着一位长发披肩的男士,见到我们就离开了。女孩带我们去她的民宿,路上聊天告诉我们她来自东京,几年前搬到了臼杵(为了那个长发男吗?),刚来时觉得这里就是地狱,不过现在适应了。她家是所很传统的日式住宅,房间很多。没有别的游客,整栋小楼今晚都归我们。

突然看到入口的墙上挂着 巨幅海报，上面一位歌手，长发飘飘，骑着野性的摩托——正是刚才在咖啡店见过的男人。

3 风云突变的阿苏火山

爸爸　6月28日　周日　晴

离开臼杵，赶去阿苏。一路上都没什么人，到阿苏火山国家公园草千里停车场时，真是吃了一大惊——停车场里和场外的大草原上全是人！

草千里是一个直径有一公里长的死火山口形成的草原，草原中央竟还有一个小死火山口，这个小火山口两侧是两个小湖，中间有条狭长的山脊，是这双眼睛中央的鼻梁。到处都是拍照的游客，还有人骑马。我去停车场旁边的火山博物馆问登山的路线。最大的火山，中岳，正在喷发，不能上，但旁边的杵岛岳可以爬！

高高、得得还没有登过真正的活火山。几年前，在法国去的死火山群，太可爱，太萌，有游客大巴直上山顶，已经被 驯服 的像公园的假山了。这里却不同。沿着停车场边一条小径，离开人群，我们出发了！

完美的圆锥形的火山就在眼前，刚开始的路很好走，回望草千里的眼镜湖和左边正喷着烟气的大火山，还有四面的松林，真不敢相信上午我们还在臼杵的海边呢！

走到杵岛岳脚下，抬头望，路是直的，直通火山口；植被变了，没有树，只有草。像这样几何体的山路，还真是第一次爬。

"空气变薄了！"没几步，得得就喘着大气，说他已经感觉到空气的变化了！高高没事，一路在前。遇到两个年轻的白人小姑娘，从山上下来，除此之外就没别人了。

站在火山口的边沿，天突然阴下来，风也大起来，远处有大团的黑云正快速向我们袭来，火山口里全是狰狞的碎石。远近都看不见人，一下子紧张起来，仿佛自己站在某种庞然巨物的嘴边，风雨欲来，它也正在苏醒，本来想要绕火山口走一周的 心缩了起来。

到杵岛岳顶了

得得不惧，小跑着冲向前面。从后面看过去，小小的身体跳跃在山脊上，一边是黑云下的巨坡，一边是幽暗的火山口，我不禁大叫，"停下！"

我们赶上孩子们，全家都停了下来，体味这一刻的威力。黑云已经吹到我们面前，变成团团云气，扑在脸上，满头的汗立刻凉了下来。仿佛云气背后有神奇的力在吹在鼓，浪一样的凉风成群结队像透明的巨兽穿过我们的身体，无视我们的存在，继续它的行程。

我们站在火山口，一动不动地等待着这列无形却有威力的火车呼啸而过。孩子们也都被某种力量震撼住，一会儿安静不语，一会儿又放声大叫。

云气一过，天亮了，远山的绿意重现，黑色的巨口又恢复了安静。有男人扛着三脚架上来，找平地支起照相器材，他的女人也跟着上来。可惜，他们刚刚错过了最好的戏剧。

孩子们一溜儿烟地跑下山，我们步步小心，落在后面。回到停车场，人少了很多，停下来，才觉出累来，坐在路边休息了一会儿，才启程赶往熊本。

❹ 在日本的夏威夷大海里游泳

高高　7月2日　周四　晴转雨

Yesterday, we went to a small island that you could walk across to at low tide. I was sick and tired then. But Jake made an important discovery. He found a big shell in perfect shape with orange and white color patterns. So we decided to come back to this island again today.

I was excited because we would get to swim. I mean literally swimming in the sea! Don't worry, there were no sharks around.

We had so much fun with the water! We played with waves. We ran into them. We kicked them. I even lay down in the water and let the waves hit me. I got water in my mouth. It was very salty. Then Dad called us to come out. But we stood *motionless*（不动的）in the water like statues.

We slowly dragged ourselves out and stepped onto the burning sand. My feet couldn't stand it. I ran to my sandals like a leopard running to an antelope. When I leaped into the air and landed in my shoes, I made a sigh of relief.

Dad said there was a pathway that led up to the lighthouse on the top of the island. A few moments later, we found ourselves in the middle of the *sea cockroaches'*（海蟑螂）territory! I couldn't dare to look at their scaly body and hissing tongues. It was gross! Dad finally couldn't stand them either and declared, "We are not going to the top." I turned and faced the blue sea where we were swimming. I ran as fast as I could and never turned back.

We swam for a long time until our shoulders got sunburnt and hurt. We started to look for shells. None of the shells we found today was as big as the ones we found yesterday. But all the shells we found here were much bigger than what I had found in Kobe. And they were new types of shells that we never saw before. It was probably because this beach was under water for six hours every day. These shells were magnificent.

It was time to leave. We walked back to the mainland. I took one more good look at this magical path right in the middle of the sea. It was a pure beauty!

昨天我们去了知林岛。退潮的时候，可以直接走到这个海岛上。昨天，我身体不舒服，很累，没精神玩。不过弟弟在小岛上发现了一个宝贝，他找到了一个橙红色和白色相间的大贝壳，而且形状完美。

今天我们决定再来知林岛！

我特别兴奋，因为这意味着我们终于可以在真正的大海里游泳了！不用担心，这儿没有鲨鱼。

玩水真快乐！我们和海浪嬉戏，我们冲进浪里，踢打着水花。我还躺在水里，让海浪冲击我的身体。我甚至还尝了海水的味道，太咸了。然后，爸爸叫我们出来；但我和弟弟都像雕塑一样站在水里，一动不动。

最后，我们不得不慢慢地把自己从水里拽了出来，走回到被晒得发烫的沙滩上。我的脚受不了了，我像猎豹追赶羚羊一样跑向我的凉鞋。我腾空跳起，准确地落在鞋里，长松了一口气。

爸爸说前面有登山的步道，可以上到小岛山顶上的灯塔。没过多久，我们就发现自己身陷于海蟑螂的领地了！我连看都不敢看它们满

开闻岳，萨摩半岛的富士山

是鳞甲的身体和长长的触角，太恶心了！爸爸也终于忍受不了了，宣布，"咱们还是别爬山了。"我转回身，面朝大海，那片我们刚刚游过泳的海。我飞速地跑，能跑多快就跑多快，再没回头。

我们又游了很久，直到肩膀都被晒疼了才停下。大家找了一会儿贝壳，可是今天的收获没有昨天的大。不过，不管是今天还是昨天，在知林岛上捡到的所有贝壳，都比我们在神户的海边捡到的大得多，而且品种也是我们从没见过的。我觉得这应该是因为这片沙滩每天都有6个小时会完全被海水盖住的缘故吧。

真的到了要离开的时间了。我们走回陆地。我回头再一次看着海水中间这条通向小岛的神奇沙带，真是纯洁而美丽！

用动作写心情

这次九州之行出发前，我就给孩子们极力宣传了两个卖点：阿苏的火山和指宿的知林岛。之前带孩子们去过威海的小石岛，赶着退潮，孩子们拎着铁铲和小桶，踩着布满牡蛎的礁石，跑到海中的小岛上挖贝壳。这样的经历让孩子们对知林岛充满了期待。同样也是退潮时才能走过去，不过知林岛要大得多，而且整个无人岛还免费！

九州萨摩半岛南端的指宿市号称是日本的夏威夷，到处都是棕榈树，一派亚热带风貌。从鹿儿岛市

去知林岛的路上

一路向南开，一个多小时就到了。车停在鱼见岳下，穿过一大片草坪，看见了海。海中绿油油的小岛，浮在水中，由一条狭长的黄色沙带牵着，仿佛是放飞在一片蓝色中的风筝。沙带前立着牌子，上面用粉笔写着涨落潮的时间。第一次去的时候，离涨潮只剩下半个小时了，只得催促着孩子们，沿着从海底隆起的条状沙丘，深一脚浅一脚地匆匆赶过去又匆匆赶了回来。大人小孩都没有尽兴，所以第二天又回来了。

终于在日本的海水里游了泳，孩子们无比兴奋。但如何把这种兴奋写出来呢？这可是个大难题。除了说自己高兴，说自己兴奋，孩子们常常想不出别的方法来了。

指宿市知林岛的海

我夸高高这篇日记写得不错，因为他把当时那种愉悦的心情写了出来。上岛，游泳，爬山，再游泳，然后捡贝壳，最后离开，日记的结构按部就班，内容也没有特别新鲜之处，更没有用什么华丽的辞藻；但读这篇短文时，却觉得孩子那种和大海嬉戏的兴奋很有感染力。我想是因为他抓住了一些有形象感的动作。比如和海浪的一系列互动；比如被爸爸叫停时，兄弟俩儿站在水里不愿离开，像雕像一样有些夸张的比喻；再比如回到沙滩上，沙子太热，哥哥赶快跳回到自己的凉鞋里；还有被海蟑螂拦住了上山的路，哥哥转回身看着海，然后头也不回地跑向那片蓝色。没有对这些动作的描述，心情就是空洞的，只能被干巴巴地交代出来；有了这些充满了情绪的动作，即使不解释心情到底如何，读者也能体会得到。

就像高高在日记里写的，知林岛的贝壳与众不同，意外的发现不时让孩子们大呼小叫。得得捡到一枚格外精美的贝壳后，攥在手里，跳着脚地从沙带一边跑过来，大喊，"爸爸，快看我找到了什么？"脸上那份按捺不住、自内而发的笑容，竟是我从没见过的天然的喜悦。的确，那枚贝壳也是我从没见过的，很大，雪白，温柔的曲线，贝壳的边沿舒展地跃起，像白色的翅膀。

5 萨摩半岛的"富士山"和"小京都"

 爸爸 7月2日 周四 晴

离开知林岛，在指宿火车站旁的"面屋二郎"吃过午饭，去找"萨摩富士"！

开出小城不久，就看见那座完美得像卡通简笔画一般的圆锥体了，一片农田的棕榈外，娟秀的开闻岳从海上升起。先去萨摩半岛的最南端长崎鼻，一条狭长的礁岩，东边是鹿儿岛锦江湾的入海口，西边是弯月形的黑沙滩，一直连到开闻岳的山脚下。这里是浦岛太郎传说的舞台，长崎鼻灯塔前有半跪着的太郎和海龟的雕塑，雕塑周围洒满了写着各种祈愿的蚌壳。由浦岛太郎传说而来的龙宫神社，更是恋

来长崎鼻看开闻岳

爱祈福的圣地，装饰一新，盛装的情侣在红白两色的神社前行礼。继续向西，又去南九州市的番所鼻公园，从西边再看开闻岳火山。水中平铺出去的黑色礁石圆弧形地围成了一圈，镜面一样躺在海中，中间是水，水映着天。远处是萨摩的富士山，恰有一朵小云，顽皮地浮在山顶，像在为它遮阳。岸边是蓝色的"海马之家"，有年轻情侣面朝大海坐在木椅上，身旁的热水瓶敞着盖儿。不想打扰他们，喊孩子们向前走，高高、得得追赶无数的红蟹，穿过树林，一直跑到了无人的垣濑滨海滩。

下一站，知览。小镇保存了完好的江户时代武家屋敷庭园，入选"最美日本历史风土百选""日本街道百选""国家指定名胜""国家重要传统建筑群保护地区"。之前去过的有如此殊荣的地方，似乎只有福山的鞆之浦和山口县萩市的城下町可以相提并论。

一边是麓川河，一边是母岳山，山河之间的一条小路两旁是十几家二三百年前留下的武家住宅，守护着已成废墟的龟甲城。在麓川边的一家小卖铺买了门票后，却没人查票，也没看到别的游客，安静得出奇。石头老街，据说是正好能容下一辆马车的宽度，易守难攻。屋子都躲在半人高的石头墙后，门半掩着，植物从墙里把手臂伸到街上，仿佛在召唤主人的归来。远处是绵延的山，山上是云。如果不是偶尔窜出来的电线杆和路牌，真像是走在历史之中。

武家屋敷庭园

每户武家屋敷庭园都不大。除了离龟甲城最近的森重坚庭园有池泉外，所有的庭园都是"枯山水"。西乡惠一郎和平山克己的庭园最典型，怪石象征龟、鹤，梳理平整的白砂象征水，是海，砂中浮着被绿苔盖住的圆石是海中的小岛，小岛后面的灌木则修剪成母岳山的形状。平山亮一的庭园最简洁，常见的怪石、白砂都没有，只剩下一片花丛，如同温柔的波浪，和后面起伏的绵山相呼应，自有一种含蓄简素之美。1751年造的佐多美舟庭园最豪华，石瀑、石灯一应俱全，却显得最杂乱，想容纳太多的想象，狭小的空间却要把

山川大海都容纳其中。

看着导游图上介绍知览是"萨摩的小京都",不由得想起了刚才看到的"萨摩富士"开闻岳和熊本水前寺成趣园里土堆出来的"富士山"。这是个充满想象的九州,也是个总想"生活在别处"的九州。

❻ 宫崎市青岛的"鬼之搓衣板"

 高高 7月4日 雨转晴

Today we went to Devil's Washboard near Miyazaki. It is a rock formation that looks like a washboard. It is by the sea!

Today was supposed to be a rainy day. But luckily my family has me. I said some magical words and it suddenly stopped raining. Well, I wouldn't say "suddenly", because I did it, but to my family it was sudden.

When we got off the car, Jake said, "It's a miracle!"

I smiled and did not say anything. Even if I told him, he would not believe it.

I ran to the edge and saw the perfect sight of sand and tidal pools. I ran down and found myself sitting on the ground because I slipped. Not a good start, I had to admit.

I saw tons of *gobies*(虾虎鱼)in the pools. It was perfect! Then I saw millions of *sea cucumbers*(海参). Although it was my dream to catch one, now that I saw them, I started to change my mind. They were squishy, sticky, slimy, and the worst of all, they were fat and chunky.

I was disappointed and thought that we were not going to catch anything special. But I was wrong! Because five seconds later, I heard an ear-piercing yell, "Easton! Easton!" I ran quickly, hoping I wouldn't slip this time. When I reached, I stood frozen right on the spot. It was a blue crab that was as big as my hand, waving its pinchers fervently. I quickly tried to catch it. But it escaped and the best day was ruined!

But five minutes later, I found a crab that was the same size but different. This time I was ready! I had a pair of bone-crushing shoes and two hands that could punch through everything. But even with my skill, it was a hard battle. I managed to step on it and then used my finger to pinch its back and finally I picked it up. I stood in triumph like a superman would when he saved the world. I cried, "Dad!" and in the blink of an eye, Jake and Dad appeared in front of me. I showed them my jaw-dropping discovery. The crab had blood red eyes and a black body! It must be the devil himself!

In my opinion, it was the best catch and the day couldn't get any better. But one minute later, I heard another yell, "Easton!" I ran as fast as my little legs could carry me. Then I saw the thing that Jake was holding. It was a deep-sea crab. I could tell because instead of sharp pointy legs, it had flipper-like legs. That means instead of walking on sand or rocky surfaces, it swam and propelled itself through the water!

Now we had truly dominated the tidal pools! We had literally caught everything in the tidal pools. The only thing we hadn't caught was *puffer*（鲀）fish.

Wrong again, because later while I was walking, I caught three puffer fish! They had round mouths and black dots on their bodies.

We had truly caught everything, from the giant devil crab to the puffer fish. Today is the best day ever!

　　今天我们去宫崎市边的"魔鬼之搓衣板"。它是一排排看起来像洗衣板的岩石，而且就在海边！
　　下大雨，不过幸运的是，家里有我。我念了一些魔咒，雨就突然停了。当然，对我来说，这并不突然，因为是我让它停的嘛；但对我的家人来说，这可真是太意外了。

我们下车的时候，得得说，"这真是神了！"

我笑了笑，但什么都没说——就算我告诉他，他也不会信的。

我跑向大海，看到了一片完美的沙滩和潮汐池。我想从岩石的岸边下到水边，却发现自己

鬼之搓衣板

一屁股坐到了沙滩上，原来是我太着急，滑倒了。这不是好兆头，我得承认。

这里的潮汐池太棒了！我看到好多虾虎鱼，还有无数的海参！我曾经的梦想就是抓到一只海参，不过现在真的看到它们，我就改变主意了。海参黏糊糊的，全身都是黏液，很腻歪，最可怕的是，它们还都特别肥大。

我有些失望，心想今天恐怕不会抓到什么特别的东西了。但我错了！5秒钟后，我听见了刺耳的叫声，"高高！高高！"我大步跑过去，希望这次可别再摔跤了。等跑到弟弟身旁，我立马愣住了：竟然是一只蓝蟹，足有我手掌那么大，横着挥舞着大钳子，很凶！我赶快抓，但无处下手，叫它给跑了。多么好的一天啊，就这么给毁了！

波蚀岩缝间有各种海洋生物

谁想到5分钟以后，我找到了一只跟那只蓝蟹一样大的螃蟹，而且还更特别。这次我可是准备好了！我有一双可以把骨头踩碎的鞋和一双能击穿任何东西的拳头。不过，即使这样能征善战的我，要想抓这只螃蟹，还是好一场大战。我好不容易踩住了它的背甲，捏着它的壳，终于把它给拿起来了。我摆出超人拯救世界时的胜利姿势，大叫，"爸爸！"一眨眼的工夫，得得和爸爸就出现在我面前了。我给他们

展示我的惊人发现,这只螃蟹眼睛血红色,壳却是黑色的,它就是魔鬼本人吧!

我本以为,这就是今天最好的战利品了,不可能再好了,但一分钟以后,我又听到一声尖叫,"高高!"我使足了劲儿跑向弟弟,看到了得得手里拿着的家伙——竟是一只生活在深海里的螃蟹!它的后腿和我刚抓的那只不同,不是锋利的尖型,而是像脚蹼一样。这说明它不是在沙滩或礁石上爬的螃蟹,而是一只在水里游、用蹼向前推进的深海蟹!

现在,我们已经征服了这里的潮汐池了!我们把能找到的小动物都找到了,唯一没抓到的就剩下河豚了。

又错了!

不一会儿,我就边走边抓到了三只小河豚。它们的嘴鼓鼓的,身上还有黑色的斑点。

现在,我们真的已经抓到了所有的东西,从红魔蟹到海河豚!今天实在是最棒的一天!

夸张的作用

本来计划是从鹿儿岛去著名的高千穗看峡谷、听高千穗神社的夜神乐,没想到赶上九州暴雨。6月29日从熊本开到鹿儿岛市的时候就开始下,除了7月2日天晴外,雨一直下,还越下越大。我们只得临时改变计划,去宫崎,想着至少那是大城市,物资和酒店都多,要是真碰上紧急情况,总比困在峡谷里好吧。绕过锦江湾,走山路向东,一路上大雨就在身后,直到到了宫崎市内才小了一些。谁想到就在今天,7月4日,日本气象厅把南九州的暴雨警戒级别提到了最高级——特别警报,这还是史上首次呢!

青岛在宫崎市南,半个小时车程。去青岛的路上下雨,离开

后也下雨，只有在青岛"鬼之搓衣板"玩的那两个小时，天晴了，可能高高真的有魔力吧！

没想到，这个本来不在计划之内的青岛，竟是整个九州行中碰到游客最多的地方，也是孩子们最喜爱的地方，甚至超过了指宿的知林岛。这里是本地人的度假地，巨大的白色丽都假日酒店停车场竟然都停满了车，公共停车场也都满员，真是少见！青岛附近的海岸是日本皇室创生神话的舞台，海滨广场上立着日向神话的大型雕塑，讲述着天、地、海三神交汇的故事。不过，孩子们只关心眼前这片神奇的"鬼之搓衣板"。海岸岩石，经过几百万年海水的侵蚀，一条条在水中展开，像搓衣板，更像是被凝固住了的海浪列队而来——谁能想到海水竟固执地把岩石冲刷成了自己的模样！我们蹚水走上青岛，黑色的波蚀岩把长满了棕榈树的小岛团团围住，岸边不是沙，而全是白色的碎贝壳，结婚的新人在红色的鸟居门下拍照，身后是北半球最北、最大的亚热带植物群。

在所有去过的日本海滨中，这里的海洋生物最丰富。巨大的寄居蟹驮着让人眼花缭乱的贝壳在砂岩中穿梭，海参、河豚、虾虎鱼、海鳗琳琅满目。孩子们已经写过好多篇抓鱼、抓蟹的日记了，今天的日记该如何写呢？

高高这篇写得很起劲，而且尝试了一些他以前不常用的方法，值得鼓励。

我跟两个孩子说，"哥哥今天的日记，首先好就好在没有把它写成流水账。你们前前后后找到了那么多种小动物，一个个地写，很容易写成流水账。但哥哥没有，对吗？他给咱们读的时候，你不觉得这像流水账，为什么？因为哥哥用了一个反复出现的结构，也就是转折，来把整个过程串接了起来。刚下到水边，就摔了个屁墩儿，好像不是个好兆头；可接下来却发现了梦寐以求的海参，一直想抓，

但等见到了真的,却又不敢抓了;弟弟发现了以前从没见过的蓝蟹,兴奋地把哥哥叫过去,可是蓝蟹太凶猛了,哥哥无处下手,让它跑了;正失望呢,哥哥却发现了一只长相可怕的魔鬼蟹,刚觉得这一天不可能变得更好了,结果弟弟又发现了一只美丽的深海蟹;这下,哥俩儿都该心满意足了吧,唯一的小遗憾是还没有抓到河豚,谁想到,一会儿,你们就边走边抓到了三只憨厚可爱的河豚:真是完美的一天啊!这样的情绪变化都是你们当时真实的感觉,哥哥把这些抓住了,有意识地写在了日记里,形成了一条自始至终的线条。从开头的'坏兆头'到最后的'胜利',整体是一个大的转折,而期间的每一个部分又都有小的意外和惊喜。如果哥哥没有把自己的心情写进去,没有用自己变化的情绪把抓鱼蟹的过程串联起来,那么整个过程就会像一张列表一样没有意思了。

"而且,这次哥哥还用了一种之前他没怎么用过的方法,就是'夸张'。我知道学校里奥佛老师给他留过造夸张句的作业,哥哥把它用到了这篇日记里,很有意思。比如,在抓红魔蟹的时候,他说自己有'一双可以把骨头踩碎的鞋和一双能击穿任何东西的拳头'。这些本领他当然没有,但如果写到这儿的时候,特别谦虚,那还怎么能写出当时的兴奋来呢?再比如,抓到红蟹后,他摆出超人拯救世界时的胜利姿势,最后,他说自己'征服'了整片潮汐池,甚至包括让蓝蟹跑了,很失望时,说这天给'毁'了,这些都有夸张的成分,为的是突出当时强烈的感觉,也让这段文字读起来更有趣了,对吗?"

回想自己学写作文时的经历,夸张作为一种修辞方法,似乎不被重视,至少远没有比喻、拟人、排比这几种常用,恐怕这和对不同文体的强调有关。对于记人、咏物、议论这类的文章,夸张未必常用;可是在叙事中,夸张有时倒特别有用,也特别好用。

7 差点抛锚在回大分的路上

The Miyazaki Museum is all about environment and people of the *prefecture*（省）. It is small but very informational. It even has audio guides in English that we can rent. Mom got two for Jake and me. I walked around the museum, swinging my head back and forth, listening to whatever this device told me. I learned that the smoke flowers were only found in Texas and here! I also learned about an ancient way to catch octopuses. The method was to insert a small-mouthed jar into the *coral reef*（珊瑚礁）under water and put some shrimp into the jar. Because octopuses like to squeeze into tiny places, they would crawl into the jar and stay there, waiting for the fishermen!

Then it was finally time to go. We drove on the highway for a long time. Suddenly, our gas was running low, but we were in the middle of the highway. The worse part was that we were in a tunnel! A very long tunnel! If we suddenly ran out of gas and had to stop in the tunnel, other cars would not be able to see us and we would be crushed! My heart missed a beat. I was panicking; my brother was panicking. Dad took the nearest exit and drove into a small town. We drove around and finally found one gas station. But it was closed! Luckily, there was a hotel nearby. Dad asked the hotel people about gas stations near us. We were hoping for some good news but all we got was extremely bad news: they told us that all gas stations were closed, because it was Sunday today! Was today Sunday? I asked my parents. It was. Oh, no!

"What are we going to do?" I asked. Dad's idea was to stay at the hotel and wait till tomorrow. But tomorrow we need to go back to Oita and get on the boat that will take us back to Kobe! While we were all panicking, a hotel worker told us that there was a Toyota dealership nearby. We might try our luck there. We were relieved to hear that, said "Thank you!" in Japanese, and ran out of the door. "We are saved!" I thought.

We ran to the Toyota shop and asked if they had any gas. At that point, I was desperate for a positive answer. My whole family were too! But sadly, sometimes wishes don't come true. It was a "No". Our relief turned into fright. We explained that we needed gas to drive to Oita but the gas station by the hotel was closed. The worker put two fingers on his chin and said there was a gas station not far away. He would call to make sure that it was still open. I bit my lips and closed my eyes, thinking, "Would this be our doom?" My legs were shaking. I wasn't hoping for good news anymore. I was begging for one. Please, I thought, please, please, please be open. I did not want to miss the boat and stay in Kyushu forever! The wait seemed forever. Finally the worker turned and looked at us. "Yes, it is open!" My heartbeat slowed down instantly. I wanted to jump but that would be embarrassing. My brother actually even jumped a little. This time, we were truly relieved. I said thank you loudly and ran out of the door. I did not run too fast so that I wouldn't be too rude. When I was outside, I jumped and danced.

Even though we were not sure we had enough gas to drive to the gas station, we decided to try our luck. We quickly buckled up and drove away.

We pulled into the gas station and waited for our car to be fed. We all had big smiles on our faces. When we finished and Dad drove us away, I put my head on the cold window and looked back at the gas station that saved our lives. Oita, here we come!

　　宫崎县博物馆里的展品都是关于这个省的自然和人文的。博物馆个不大但信息量很大，前台甚至还有英文的语音导游器可以租。妈妈给我和得得每人租了一台。我便在博物馆里乱转，摇头晃脑地听着导游器里讲的东西。我知道了原来有一种可以喷烟雾的植物，只在宫崎县和美国的得克萨斯州才找得到。我还知道了宫崎人一种古老的抓章鱼的方法：在水底下的珊瑚礁缝里塞一个窄口罐，然后放点小虾进去，章鱼都喜欢钻到窄小的地方里去，所以它们会爬进罐子，待在里面等着渔人去捉。

终于得和博物馆告别了。我们在高速路上开了很久。突然，爸爸发现车里的汽油快用光了，而我们正开在高速公路上呢。更糟糕的是，我们其实正开在一条隧道里，还是一条很长的隧道！

宫崎县综合博物馆

如果我们这时突然没油了，停在隧道里，别的车辆根本看不见我们，非得撞上来不行！我的心突然紧了一下，我慌了，弟弟也慌了。爸爸从最近的出口下了高速路，开进了一个小镇。

我们在小镇里乱转，终于找到了一家加油站。但这家加油站是关着的，不开门！幸运的是，加油站旁边就是一家旅店。爸爸忙去找旅店的前台，问附近还有没有别的加油站。我们都盼着能有好消息，但等来的却是最坏的消息：酒店的人跟我们说，因为今天是周日，所有的加油站都不开！今天真的是周日吗？我忙问爸爸妈妈，结果还真是。哦！完蛋了！

"那咱们可怎么办啊？"我问。爸爸的意思是要在这个酒店住一晚，等明天再说。可明天我们需要回到大分市，坐船回神户啊！就在我们正惊慌失措的时候，一位酒店的工作人员告诉我们，旁边就有一家卖丰田车的车行，我们可以去那儿碰碰运气。听到这个消息，大家都松了口气，用日语说了"谢谢！"就跑出了门。"我们得救啦！"我心想。

我们跑到了丰田车店，问他们卖不卖汽油。这时，不仅是我，我们全家都太渴望得到一个肯定的回答了。不过，遗憾的是，有时候，愿望并不能变成现实。答案是"不卖"。我们刚才那一点点放松立刻变成了恐慌。我们解释说我们今晚得开到大分去，可汽车没油了，酒店边上的加油站也关着门。工作人员把两根手指放在脸颊上，告诉我们其实不远处就还有一家加油站，他会给那里打电话，确定他们到底开不开门。我咬着嘴唇，闭上眼，想着，"这不会就是我们的末日了吧？"我的腿都在颤抖。这时，我已经不是希望能听到好消息了，而是乞求能有一个好

消息：求求你了，求求你了，加油站，请求你开门吧！我可不想错过回神户的游船，永远待在九州啊！等待的时间感觉是那么漫长。终于，那个人回过身，看着我们。"没错，他们正营业呢！"我的心跳立刻慢了下来。我高兴得想跳起来，不过那样就太丢人了。其实，弟弟真的跳了一小下呢。我大声地说了谢谢，跑出了门。我没有跑得太快，因为那样就太没礼貌了。到了门外，我又蹦又跳。

虽然不确定剩下的一点点汽油还够不够我们开到前面的加油站，大家决定还是试试运气。我们飞速地上车，系好安全带，出发了。

我们顺利地开进了加油站，工作人员给我们的车"喂饭"，我们每个人脸上都笑开了花。等加完了油，爸爸开上了车，我把头靠在凉凉的车窗上，回头又看了一眼这座救了我们的加油站。大分，我们来了。

写心情需要层次

那天主要的任务就是赶回大分，好等着第二天坐船回家。本想路上再去臼杵的海边玩，可是下大雨，只好打消了这个念头。好在，宫崎的县立综合博物馆还开。展品和陈列方式都有些老旧，但孩子们倒还看得饶有兴味，自然、考古、民俗，看了一溜儿够。半人高的鹦鹉螺化石和大光寺藏日本南北朝时期的木造地藏菩萨半跏像都让人印象深刻。一天轻松，没想到回程的路上，找不到加油站却让全家都有些胆战心惊。毕竟要是困在路上，错过了回神户的船，可就麻烦了。

关于博物馆，我跟孩子们说，你们不用写太长，就写你们印象最深的东西就行。汽车没油，咱们一起找加油站这段，我希望你们能写得有意思，写出咱们当时那种紧张的感觉来。

和写看博物馆相比，孩子们都更喜欢写找加油站的"惊险"。

这也是自然,因为这个过程里,有心情,有动作,有偶遇的人,有意外的事。一路上都是看景点,难得遇到这样的"故事",高高写得很起劲。

我跟两个孩子说,"哥哥的博物馆,写得不长,但还算干净利索。他说这个博物馆主要是关于宫崎的自然和人文的,然后举的两个例子——喷烟雾的植物和抓章鱼的传统方法——正好一个关于自然环境,一个关于宫崎的渔人,这样就有了照应,而不是很随便地想到哪儿写哪儿,这一段就显得完整了。

"找加油站这部分写得很好玩,好玩就在于哥哥把自己当时的心情写了出来;而且这种心情不是抽象空洞的,而是很具体、并不断变化的。刚开始发现没油时,正赶上开在隧道里,这时是心慌;等找到第一个加油站,却发现不开门,这时是失望;听到酒店员工告知这里的加油站周末都休息,心想'完蛋了';可听说旁边就有一家丰田车行,又燃起了希望;结果车行里也不卖汽油啊,希望迅速变成了恐慌;好在,车行里的人知道前面不远就有另一家加油站,还好心帮我们打电话联系,等待电话结果的时候,惊慌失措变成了紧张,时间也好像慢了下来;加油站还真开门,哥哥高兴得想跳起来,又不好意思在别人面前跳,故作镇静地跑出门,在门外又蹦又跳;最后,加完了油,还不忘回头又看了一眼这家加油站,心怀庆幸和感激。这整个过程都是咱们一起经历的,但哥哥很仔细地把从头到尾的经历一步步地分解开,没有着急地交代结果,而是慢慢写。每一部分,他都用动作、心理活动和对话把情绪具体地表达了出来;很多动作和心理描写可能有些夸张,但夸张也是为了突出当时飞速变化的情绪。

"很多细节都很有意思。比如酒店里的人说加油站不开张,因为是周末,哥哥还不信,问过妈妈得到确认后,才真的担心起来;

比如在向不同人寻求帮助的过程里,刚开始是'希望'能有好消息,最后变成了'乞求';再比如,终于听到了好消息后,哥哥自己想跳却没好意思跳,但没忘加了一句话说弟弟没忍住,当着别人的面跳了一小下。这些细节,不仅增加了叙述的现场感,更增加了情绪的层次感。唯一缺少的是对爸爸妈妈当时的反应的描述,要是也能像写弟弟一样,加上一两笔,就更丰富了。"

8 "神奇非凡"的大分半日

得得 7月6日 周一 雨

Today we first went to the Oita Art Museum. When we got there, I said, "This is huge!" The museum was really big but it had only one exhibit. It was on the top floor and cost money but the exhibition was awesome. My favorite drawing was a picture of five dots. My first reaction was that it was nothing but then I realized that it could be anything in the world!

Then we went to an extraordinary architecture museum. It looked like something from a different space. As I walked in with excitement, the first thing I saw was an extraordinary *binocular*(双筒望远镜), which also looked like it was from another planet. The architecture models shown there looked like buildings from the future! They did not look like any building that I had seen before! And there were hundreds of them! They were all mini models of what one Oita architect designed. There was a wall that listed all the buildings he designed in his lifetime. It was amazing! He made buildings all around the world. And most of his designs are now landmarks all over the globe.

How I wish I could live in one of his creations!

Then it was time for lunch. Even though my father said that our favorite ramen shop was originated from *Kyushu*（九州）, we hadn't seen one yet throughout this whole trip. Today we decided to find one in *Oita*（大分） before we left Kyushu. The *Ichiran ramen*（一兰拉面）shop there was much bigger than I had expected. Yum, yum, yum! The ramen here tasted like heaven!

We returned our car to the rental place and walked to a shopping street to buy dinner for our boat trip back home. My brother bought curry and I bought what I always bought, instant noodles!

We went on the boat and ate. Easton said that the curry was too spicy. So he ate a lot of my noodles. "That is not fair!" I complained, he did not care. After dinner, we soaked in the hot tub. On our way out, we saw that weird poster again. The old man with red eyes was still bathing in the hot spring and saying "I'll be Beppu!". I still don't understand what that means.

The little waves of the boat shook us to sleep.

今天，我们先去看了大分美术馆。到了那儿，我不禁说了一句"太大了"！美术馆特别大，但只有一个展览。展览在顶层，得花钱才能看，不过展品太棒了。我最喜欢的一幅画里只有5个黑点儿。我的第一反应是，这画的什么都不是，不过接着我又意识到，这5个点儿可能画的是世间万物！

大分县立美术馆

大分市的矶崎新建筑模型馆

我们又去了一家神奇非凡的建筑博物馆。从外面看起来，整个建筑就像是在另类空间里才会有的东西。我兴奋地走了进去，看到的第一个展品是一个神奇非凡的望远镜，它也好像是从另一个星球来的。展览的所有建筑模型，都像是只在未来才有的建筑，和我以前见过的所有建筑都完全不同！而且，这里的模型有好多好多，它们都是一位大分的建筑师设计的。一面墙上列出了他一生里设计的所有建筑。太厉害了！全世界好多地方都有他设计的建筑，而且现在它们都成了当地的地标！

我多么想也能在他设计的建筑里住一住啊！

虽然爸爸说我们最喜欢的一兰拉面最开始就是从九州起家的，但整个九州之旅我们还没看到一家一兰面馆呢。今天我们决定赶着离开九州前，在大分找一兰拉面吃。这里的一兰拉面馆可比我想象的大得多！嗯，嗯，嗯！这里的拉面好吃得像天堂！

我们把租的车还了，然后走到对面的商业街买晚餐，好在回家的船上吃。哥哥买了咖喱饭，我买了我总买的方便面！

一兰拉面

我们一上船，就开吃。高高说他的咖喱太辣了，结果他吃了好多我的方便面。"这太不公平了！"我抱怨，但他才不管呢。吃完了饭，我们去澡堂泡澡。出来的时候，我们又看到了那张奇怪的海报，还是那个眼睛红红的老人，一边泡温泉，一边说，"我将别府！"我还是不明白他在说什么。

游船轻轻摇摆着，把我们晃入梦乡。

最重要的是要记下自己的感受

旅行的最后一天,在大分市,大半天时间,却给了我们很多惊喜。没想到这样一个偏远的省城,竟有两座这样好的美术馆。对于美术馆,孩子们常常是三分钟热乎气,这次在大分县立美术馆和展示建筑家矶崎新建筑作品模型的艺术中心,高高、得得却是从头到尾看得都很入迷。特别是大分城址旁边的艺术中心,本是矶崎新氏1966年设计的大分县立图书馆,1996年新馆建成后,这里变成了矶崎新建筑展示场。简单的几何形状,拼插成了只在卡通漫画里见过的建筑形象,真的从没见过,更无法想象竟是半个多世纪前的设计;内部更是奇妙,空间套着空间,宛如立体的迷宫,外面的光总是在意想不到的地方,从奇奇怪怪的洞口里好奇地探进来,像闪亮的触角:这是我们和孩子们体验过的最有趣最意外的空间。所有展示的模型都是同样建筑理念的变形,大家都被一种令人兴奋的新鲜感所征服。

孩子们最怕写博物馆美术馆之类的日记,毕竟有什么可写的呢?把看到的展品信息记录下来?那是笔记,不是日记,而且也不能锻炼自己的写作。去形容具体的展品?这对于孩子也似乎有点儿强人所难。如果只是说某张画美丽,某个雕塑动人,那只是套用一些空洞的词汇,意义不大;如果想要深入具体地描述,则又恐怕需要一些孩子们没有的专业知识和眼光。

所以,我跟孩子们说:"今天的日记,不用面面俱到。写两个博物馆时,主要写你们当时的感受,要具体。比如站在博物馆前或是看到某个展品时,你在想什么;如果你觉得你看到的东西有意思,解释为什么,而且要想办法用有意思的语言来解释你自己当时的感受。"

得得还是觉得无处下笔。我就问他,"咱们刚到第一个美术馆的时候,你在想什么?咱们已经去过好多好多美术馆了。当你走进大分美术馆的大厅时,你是觉得它和别的美术馆没什么两样呢,还是觉得它有什么特别之处?""我就是觉得它很大,但咱们转了半天却发现只有一个展览,很奇怪。""那你就把这个感觉记下来。另外,整个展览里你现在印象最深的展品是什么,就挑一个写,写你看到那个展品时自己的感觉、自己的想法。写建筑博物馆也一样,你是不是觉得那栋大楼光从外面看上去就很神奇?我记得你当时跟我说,你觉得它就像一个变形金刚,随时要变形一样。要是能把你当时那种兴奋记下来,就最好了!"

得得写得很认真。他刚学了一个"大词",extraordinary(神奇非凡的),很得意地用在了日记里。我说,好,但你还是需要用自己的方式解释那个建筑到底怎么"神奇非凡"。他便分别想出了矶崎新的设计好像是只在"另类空间""外星球"或者"未来"才会有的东西,孩子看了不少关于这些方面的动画片,自然便想到了用这些词/概念来描述矶崎新设计的神奇。虽然仍然有些抽象,但还是比光用一些空泛的形容词好了很多,值得鼓励。后面,他又加了一句,说自己希望能有机会住在这样神奇的建筑里。这当然也是很自然很普通的想法,没什么高深或伟大,却是孩子真实的想法,记下来,也应该鼓励。

得得这篇日记的最后一句话,"游船轻轻摇摆着,把我们晃入梦乡",他自己特别满意,刚想好还没有写下来,就迫不及待地讲给我听,问我好不好。我说太好了!当孩子为自己想出一句自鸣得意的话,像做出一道很难的数学题一样兴奋时,你便知道写日记不再仅仅是完成任务,还让孩子获得了一种成就感——哪怕只是一点点,哪怕是转瞬即逝,这也都是最需要也最值得鼓励的时刻。